dtv

Patricia Clough

English Cooking

Tradition wird Trend

Aus dem Englischen von
Henriette Zeltner

Deutscher Taschenbuch Verlag

Von Patricia Clough außerdem bei dtv:
›In langer Reihe über das Haff.
Die Flucht der Trakehner aus Ostpreußen‹ (34349) und
›Mein Germany. Eine kleine Zeitreise durch Deutschland‹
(26006, erscheint April 2014. Auch als eBook.)

**Ausführliche Informationen über
unsere Autoren und Bücher
finden Sie auf unserer Website
www.dtv.de**

Erweiterte Neuausgabe
© 2001/2013 Deutscher Taschenbuch Verlag GmbH & Co. KG,
München
Zuerst erschienen 2001 unter dem Titel
›English Cooking. Ein schlechter Ruf wird widerlegt‹ (dtv 36218)
Dieses Werk ist urheberrechtlich geschützt.
Sämtliche, auch auszugsweise Verwertungen bleiben vorbehalten.
Umschlagkonzept: Balk & Brumshagen
Umschlagfoto: Michael Luppino
Satz: Greiner & Reichel, Köln
Druck und Bindung: Friedrich Pustet, Regensburg
Gedruckt auf säurefreiem, chlorfrei gebleichtem Papier
Printed in Germany · ISBN 978-3-423-28016-7

*Zur Erinnerung an meine Mutter,
die oft daran verzweifelt ist,
mir das Kochen beizubringen*

Inhalt

Von englischer Kochkunst	9
Frühstück	25
Lunch	35
Tea	65
High Tea	87
Dinner	95
Das Vermächtnis Indiens	131
Weihnachtsspezialitäten	148
Picknick	165
Spezialitäten-Glossar	176
Getränke	181
Dank	185
Rezeptregister	187
Bildnachweis	191

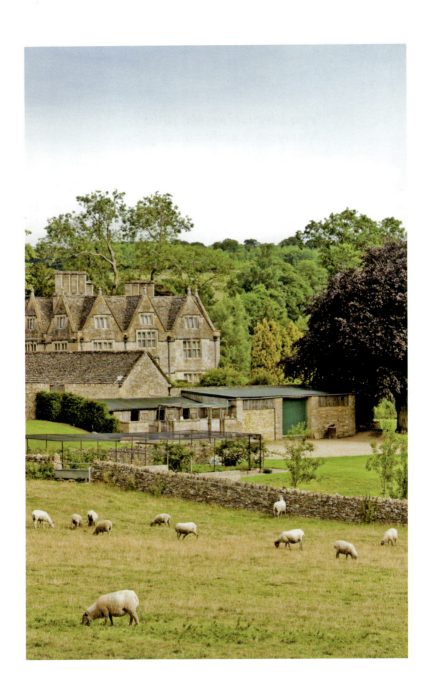

Von englischer Kochkunst
Vorwort zur Neuausgabe

Wer hätte das gedacht? Als ich im Jahr 1999 damit begann, dieses Buch zu schreiben, haben die Leute gelacht. Manche dachten wohl, ich sei verrückt geworden. »Wer um Himmels willen soll ein Buch über die englische Küche kaufen?«, fragten sie. Irgendwie fühlte ich mich in die Defensive gedrängt und begann die Einleitung deshalb mit den Sätzen: »Ein englisches Kochbuch? Eine Horrorvorstellung! Ein Anwärter auf das kürzeste Buch der Welt. Löst nicht schon die bloße Vorstellung bei unseren Nachbarn Hohngelächter aus und lässt endlos Anekdoten sprudeln über kulinarische Katastrophen, die man auf diesen feuchten, kühlen Inseln erlebt hat?« Weil ich fest entschlossen war, alle diese Menschen eines Besseren zu belehren, gab ich dem Buch den Titel ›English Cooking. Ein schlechter Ruf wird widerlegt‹.

De facto begann sich schon damals die englische Küche zu verändern. Im ganzen Land kam eine Feinschmeckerwelle in Fahrt, von der allerdings noch nicht klar war, ob sie von Dauer sein oder wieder verebben würde. Auf jeden Fall würde es ein sehr langer Weg werden. Jedenfalls hätte ich mir in meinen wildesten Träumen nicht ausgemalt, dass nur sechs Jahre später ein englisches Restaurant zum »besten Restaurant der Welt« gekürt werden würde, von einem einflussreichen Magazin für Spitzenköche und Restaurantbetreiber. Und das Ganze auch noch ein zweites Mal im Lauf von vier Jahren. Oder dass einige englische Küchenchefs, darunter zwei, die nie eine Kochschule von innen gesehen hatten, zu den berühmtesten Köchen der Welt zählen würden. Oder dass – und das ist vielleicht am erstaunlichsten – die traditionelle englische Küche ihren Weg auf die Tische von Lokalen in Berlin, New York, Brüssel und – ja – sogar Paris finden würde. Heute gibt es in vielen Ländern Läden und Internethändler, die traditionelle englische Esswaren verkaufen, Kuchen, Tees, Biskuits und – unvermeidlich am beliebtesten – Marmite. Kurz gesagt, das einst so verachtete englische Essen ist »salonfähig« geworden. Natürlich will ich mir nicht anmaßen, mit meinem kleinen Buch einen Beitrag dazu geleistet zu haben, aber zu meinem Erstaunen – und zweifellos auch zu dem des Verlages – hat es sich über elf Jahre stetig verkauft, höchst ungewöhnlich, sogar für ein Kochbuch. Ich denke, es kam rechtzeitig mit dem neuen Trend.

Es wird zwar nach wie vor für jeden Touristen, der begeistert war über die hervorragenden Mahlzeiten, die er oder sie in England zu sich genommen hat, jemanden geben, der diesbezüglich von ganz grauenvollen Erfahrungen zu berichten hat. Die schlechte Reputation der alten Tage ist bei manchen Leuten immer noch in den Köpfen verankert, besonders bei Journalisten und Foodwritern, die sich überrascht darüber zeigen, dass englisches Essen viel besser ist als sein Ruf. Aber ohne Zweifel hat die englische Küche in den vergangenen Jahren eine erstaunliche Transformation erlebt, sowohl, was die Qualität der Nahrung angeht, wie auch das Bewusstsein der Leute dafür, zu Hause und im Ausland.

An dieser Stelle sollte ich darauf hinweisen, dass »Englisch« hier oft auch Schottisch, Walisisch und Nordirisch meint, denn die Situation ist mehr oder weniger ähnlich in ganz Großbritannien. Dennoch konzentriert sich dieses Buch vorrangig auf klassisches englisches Essen, das ich zufällig am besten kenne, und lässt noch ein weites Feld offen für jemanden, der sich mit den Feinheiten von »haggis«, dem schottischen Nationalessen, »laverbread«, einer walisischen Spezialität aus Seetang, oder »colcannon«, dem irischen Kartoffelbrei mit Kohl, befassen will.

Die englische Küche war nicht immer schlecht. Im 15. und 16. Jahrhundert konnten sich die Engländer sogar ihres ausgezeichneten Essens und ihrer lustvollen Festmahle rühmen. Aus historischen Gründen wurde die englische Küche jedoch nie so extrem verfeinert wie etwa die französische. Sie orientierte sich am Land, wurde eher vom niederen Adel auf dessen Landsitzen – wo man Zugriff auf ausgezeichnete Produkte hatte – entwickelt, als am Hof oder in den Städten. In Letzteren waren die Qualität der Lebensmittel und die hygienischen Zustände oft berüchtigt miserabel. Die englische Küche war und ist eine häusliche Küche. Es ist kein Zufall, dass die großen englischen Kochbuchautoren jahrhundertelang Frauen gewesen sind.

Später jedoch war das schimpfliche Ansehen der englischen Küche mehr als gerechtfertigt. Manche sagen, es habe am Zweiten Weltkrieg gelegen. Sicherlich war Essen damals nicht nur knapp, sondern auch scheußlich, und die Rationierung der Lebensmittel dauerte unglaubliche 13 Jahre lang! Während dieser Zeit verschwanden viele traditionelle Gerichte auf Nimmerwiedersehen. Aber auch andere Länder erlebten während des Krieges und danach schlechte Zeiten, doch deren Küchen erholten sich davon wieder. In meinen Augen wurde der Schaden schon viel früher angerichtet: zunächst durch die Puritaner im 17. Jahrhundert und dann im 19. Jahrhundert durch die viktorianische Gesellschaft, die ins Bewusstsein der Nation unauslöschlich einprägte, dass »wir nicht auf dieser Erde sind, um uns zu amüsieren«. Pflicht, Stärke, Patriotismus, Dienst an der Gemeinschaft, Selbstbeherrschung – das waren ein paar der Tugenden, die damals zählten. Die Freuden des Lebens galten praktisch als Synonym für Sünde. Oder zumindest die meisten davon – Sport und Gartenarbeit waren gestattet, Sex, hübsche Kleider und erlesenes Essen eindeutig nicht.

Die sündteuren Internate der Nation bildeten eindrucksvolle Beispiele für diese Einstellung. Hierher schickte, wer es sich leisten konnte, seine Kinder, weil man glaubte, sie würden in diesem Rahmen die bestmögliche Erziehung erhalten. Im 19. Jahrhundert ließ man die Kinder in der Überzeugung, damit etwas Gutes für ihren Charakter und ihre Disziplin zu tun, im wahrsten Sinne des Wortes halb verhungern. In ihrer Biografie der viktorianischen Romanschriftstellerin Charlotte Brontë berichtet die zeitgenössische Autorin Elizabeth Gaskell, dass Charlotte und ihre Schwestern, wenn sie um einen Nachschlag baten, Belehrungen über »die Sünde fleischlicher Dinge und des Nachgebens gegenüber gierigen Gelüsten« erhielten. Zu der Zeit, als ich selbst ein Internat besuchte, hatte man bereits eingesehen, dass Kinder genug zu essen bekommen sollten, aber auf die Idee, dass wir das Essen auch genießen könnten, scheint die Schulleitung niemals gekommen zu sein. Wenigstens war es nicht so schlimm wie bei einem Freund von mir, dessen Lehrer Bratensauce über seinen Pudding goss, nur um seine Verachtung für Gaumenfreuden zum Ausdruck zu bringen.

In der Folge war das englische Essen oft geschmacklos und eintönig, das Gemüse zerkocht, der Yorkshirepudding bleischwer. »Olivenöl«, so erinnert sich Robin Young, der lange für die ›Times‹ über kulinarische Themen schrieb, »wurde in der Autopflege und als Abführmittel verwendet.« Die aristokratische und die reiche Elite wandte sich der französischen Cuisine zu, doch die normalen Leute – sofern sie nicht das Glück hatten zu reisen – wussten es nicht besser und bekamen auch kaum Anreize, etwas zu verändern.

Womöglich war dieses Desinteresse an gutem Essen auch von Vorteil für die vielen Missionare, Kaufleute, Beamten, Abenteurer, Soldaten und deren Familien, die einen großen Teil ihres Lebens in fremden, entlegenen Regionen des Empire verbrachten. Eine Dame der besseren Gesellschaft und Tante von Winston Churchill, Lady Sarah Wilson, hauste während der 217 Tage dauernden Belagerung von Mafeking im Jahre 1900 – einem berühmten Ereignis im südafrikanischen Burenkrieg – in einem Unterstand. Sie telegrafierte nach Hause (seltsamerweise konnte man die Kommunikation aufrechterhalten): »Heute Pferdewurst zum Frühstück. Zu Mittag Maultierhack und Heuschrecken-Curry. Alle wohlauf.«

Auf der anderen Seite waren die oft absurden Bemühungen der Kolonialisten, ihre eigene Küche mit möglichst einheimischen Zutaten, einheimischen Köchen und bei very uneinheimischen Temperaturen nachzukochen, mit großer Wahrscheinlichkeit für viele Beschwerden und sogar Todesfälle verantwortlich, die man stur »dem Klima« zuschrieb. Königin Victoria herrschte über knapp ein Viertel der weltweiten Landmasse und über ein Viertel der Weltbevölkerung. Trotzdem überrascht es kaum, dass es den Engländern nie gelang, ihre Küche als Welt-Cuisine zu etablieren.

Umso bemerkenswerter ist die Renaissance der englischen Küche in den letzten Jahren. Sie kam aber nicht aus dem Nichts. Wie überall wuchs in Großbritannien das Gesundheitsbewusstsein und sorgte dafür, dass die Leute sich nach Lebensmitteln von besserer Qualität umsahen und alte Gewohnheiten ablegten. Zum Beispiel das Gemüse zu Tode zu kochen. Landauf, landab gab es immer mehr Supermärkte mit besserer Ware und die Anzahl der Bauernmärkte, wo man frische regionale Produkte kaufen konnte, wuchs. Dank ihrer imperialen Vergangenheit sind die Engländer schon lange mit exotischer Küche vertraut. Zur angloindischen Küche gibt es deshalb auch ein eigenes Kapitel in dem Buch. Aber in neuerer Zeit haben die preiswerten Reisemöglichkeiten und die Immigration aus vielen Ländern auch die Borniertesten von uns mit zahlreichen köstlichen Alternativen zu Fish and Chips in Berührung gebracht. Übrigens sind sogar Fish and Chips, das englische Gericht par excellence, ursprünglich ein Import, eingeführt von jüdischen Einwanderern des 19. Jahrhunderts. Ich habe außerdem zu berichten, dass nach allgemeiner Einschätzung nicht etwa Roast Beef und Yorkshire Pudding, sondern Chicken Tikka Masala, ein würziges indisches Gericht unbekannten Ursprungs, in britischen Restaurants heutzutage das am häufigsten bestellte Essen ist.

Außerdem gibt es den ungeheuren Einfluss der großen Starköche. Es ist in der Tat ein Phänomen unserer Zeit, ausgelöst durch unsere medienversessene Gesellschaft und unsere obsessive Prominenzanbetung. Am Beginn des 20. Jahrhunderts brauchte es für jemanden wie den Starkoch Auguste Escoffier nur zwei Top-Restaurants, das Ritz in Paris und das Carlton in London, und ein paar Bücher über die französische Haute Cuisine, um seinen Namen für immer am Gourmet-Himmel festzuschreiben. Heutzutage besteht das Erfolgsrezept darin, ein wirklich gutes Restaurant zu eröffnen, das in aller Munde ist, und dann – und das ist der eigentliche Durchbruch – sich selbst in so vielen Fernsehsendungen wie möglich zu platzieren, und eine berühmte TV-Persönlichkeit zu werden. (Eine Ausnahme gibt es: Jamie Oliver arbeitete nur als Angestellter am Grill des berühmten River Café in London, als er durch eine Dokumentation der BBC entdeckt wurde.) Wenn man es dann so weit gebracht hat, setzt nur der Himmel Grenzen. Man eröffnet diverse Restaurants, schreibt Unmassen von Kochbüchern, produziert vielleicht auch noch die eine oder andere Topfserie, stellt sicher, dass man in den Nachrichten ist, in Klatschkolumnen oder im Fernsehen, und die Millionen rollen.

Einige dieser Fernsehsendungen sind offen gesagt grauenvoll. Die Sender müssen endlose Stunden füllen. Manche versuchen es mit Nobodys, deren einziger Vorzug in einer Punk-Frisur, schwindelerregenden Dekolletés oder sonst einem Gimmick zu bestehen scheint. Aber selbst bei seriösen Köchen hilft es offenbar, wenn sie nicht besonders gut erzogen sind oder zumindest so tun als ob. Bei männlichen. Auf das Thema Frauen komme ich noch. Gordon Ramsey, der eigentlich Fußballer werden wollte, bevor eine Verletzung dazwischenkam, ist berühmt für seinen Jähzorn und seine ordinäre Ausdrucksweise. Der Aufnahmeleiter versucht dann mit Pieptönen zu verhindern, dass das Publikum hört, was Ramsey schimpft. Besonders zahlreich sind diese Pieptöne in Sendungen, in denen Ramsey gescheiterte Restaurants übernimmt, um ihnen wieder auf die Beine zu helfen, oder Jung-köche trainiert und Kochwettbewerbe veranstaltet. Ein Konditor hat deswegen sogar mal die Polizei gerufen, aber die Öffentlichkeit liebt es offensichtlich, wie Ramsey mit seinen Zornausbrüchen und Beleidigungen Anstoß erregt. Die Öffentlichkeit liebt Ramseys Beschimpfungen berühmter Gäste, seine Schönheitsoperationen, seine angeblichen Ehebrüche und andere Eskapaden. Wie damals, als er im Fernsehen vorschlug, die Briten sollten mehr Pferdefleisch essen, woraufhin ihm Tierschützer eine Tonne Pferdeäpfel vor sein exklusives Restaurant im eleganten Claridge's-Hotel kippten. Hinter dieser bewegten Fassade ist Ramsey jedoch ein großartiger und perfektionistischer Koch, ein schlauer und hart arbeitender Geschäftsmann, der in New York, Los Angeles, Dubai und anderswo auf dem Globus diverse Gourmetrestaurants eröffnet hat, sogar in Paris. Einige dieser Restaurants können sich mit ein oder zwei Michelin-Sternen brüsten, das Restaurant in London sogar mit drei.

Jamie (Oliver, aber in England ist er so bekannt, dass niemand seinen Nachnamen benutzt) hat zweifellos noch mehr Einfluss. Mit seinem jungenhaft guten Aussehen (jedenfalls bevor er anfing zuzulegen), seinen T-Shirts, seinem Unterschichtsakzent und seiner bodenständigen Ausdrucksweise hat er es geschafft, der guten Küche den oft entmutigenden geheimnisvollen Nimbus zu nehmen. Seine erste Fernsehserie hieß ›The Naked Chef‹, nicht etwa, weil er beim Kochen nichts anhatte, sondern weil er den Zugang einfach und verständlich vermittelte. Seine Sendungen werden überall auf der Welt gesehen und seine Kochbücher sind immens populär. Im Jahr 2010 war sein Buch ›30-Minute Meals‹ in England das bestverkaufte Sachbuch aller Zeiten. Er nutzte seine immense Bekanntheit und seine Sendungen dazu, um die Leute zum Verzicht auf das ständige Junkfood zu animieren, stattdessen frische, natürliche Produkte zu kaufen und gesunde Mahlzeiten zu kochen. Nach dem Motto, dass man gar nicht früh genug damit anfangen kann, startete er 2005 eine

Kampagne zur Verbesserung der Schulspeisung, seit Langem berüchtigt als Schandfleck der englischen Küche. Es war nicht einfach, aber er brachte sogar die Regierung dazu, eine eigene Kampagne zu starten. Für ihn war bald klar, ein Problem bei Kindern bestand darin, dass sie zu Hause nichts Anständiges zu essen bekamen. Deshalb ging er im Jahr 2008 mit einem Fernsehteam nach Rotherham, einer unauffälligen, größtenteils von Arbeitern bewohnten Industriestadt im Norden, um dort die Leute zum Kochen zu bewegen. Sie sollten nicht nur besser kochen, sie sollten überhaupt kochen. Denn die traurige Wahrheit ist, dass ein erheblicher Anteil der ärmeren und weniger gut ausgebildeten Bevölkerung in Rotherham überhaupt nicht kocht. Wie leider anderswo auch. Jamie traf auf Menschen, die ausschließlich Kartoffelchips aßen oder ihre Kinder nur mit Döner ernährten. Er hat sich vorgenommen, Rotherham zur kulinarischen Hauptstadt Großbritanniens zu machen. Man wird sehen.

Eine ganz andere Persönlichkeit ist Heston Blumenthal, ein echtes Selfmade-Genie. Es war sein Restaurant, genannt »Fat Duck«, in dem kleinen Örtchen Bray 40 Kilometer westlich von London, das 2005 von der Fachzeitschrift ›Restaurant‹ zum besten Restaurant der Welt ernannt worden war, ein Jahr, nachdem es den dritten Michelin-Stern erhalten hatte. Blumenthal, dessen Name und Aussehen eines Baseball-Spielers eher an einen Amerikaner als einen Englishman erinnern, hat beim Kochen einen hochwissenschaftlichen Ansatz. Das hat ihm – abgesehen von der überschäumenden Begeisterung seiner Gäste – auch Ehrendoktorwürden in Chemie an einigen Universitäten eingebracht. Auch er, obwohl er nicht zu den glamourösesten Persönlichkeiten auf der kulinarischen Skala gehört, hat versucht, die normale englische Küche zu verbessern, indem er mit Autobahnrestaurants und – ironischerweise als Mission impossible bezeichnet – mit Organisationen wie Krankenhäusern, British Airways oder der Royal Navy zusammenarbeitete, um gesündere und appetitlichere Mahlzeiten herzustellen. Zu seinen berühmtesten Gerichten gehören übrigens »snail porridge«, »bacon-and-egg ice cream«, »parsnip [Pastinaken] cereal« und »meat fruit«. Hört sich alles abstoßend an, schmeckt aber, so versichern die Gourmets, köstlich.

Auch in England sind die meisten zeitgenössischen Starköche im Fernsehen Männer. Eine große Ausnahme ist Nigella Lawson. Schön, sexy und etwas kokett, wie sie ist, hat sie ein riesiges Publikum – aus Männern, die sie gerne ansehen, und aus Frauen, die gerne so sein wollen wie sie. Sie war nie eine professionelle Köchin, sondern arbeitete als Journalistin und Restaurantkritikerin, bis sie ihr erstes Kochbuch veröffentlichte, das sie in die Kochsendungen im Fernsehen katapultierte. Als Tochter von Nigel Lawson, Finanzminister unter Margaret Thatcher, und der Erbin einer riesigen Hotel- und Restaurantkette verkörpert sie einen Upperclass-Lebensstil, von dem die meisten nur träumen können. Eines ihrer Kochbücher trägt den Titel ›Domestic Goddess‹ [Göttin des Hauses]. Eigentlich war das ein Scherz, aber das Etikett blieb an ihr hängen.

Dann gibt es noch den fröhlichen Ainsley Harriott. Er ist schwarz und auch als Sänger erfolgreich. Weniger prächtig, aber auch populär ist Nigel Slater. Fergus Henderson ist ebenfalls ein autodidaktischer und mit Michelin-Sternen ausgezeichneter Spitzenkoch. Und viele andere mehr. In England konkurrieren sie mit Supermodels und Filmstars und füllen wie diese die Magazine und Klatschspalten. Der Glanz dieser zeitgenössischen Stars lässt den Ruhm von zwei extrem einflussreichen und bedeutenden Kochbuchautorinnen etwas verblassen, ohne die sich aber die englische Küche wahrscheinlich nie aus ihrem katastrophalen Zustand nach dem Ende des Zweiten Weltkriegs gelöst hätte. Die eine war Elizabeth David. Eine faszinierende und unkonventionelle Frau, durch die die englische Mittelklasse in den düsteren und kargen Nachkriegsjahren Bekanntschaft mit der mediterranen Küche und ihren Ingredienzien machte, Knoblauch, Olivenöl, Auberginen und Peperoni. Das bekam man in England kaum, erst, als sie sich dafür stark machte. Ihre Nachfolgerin war in den 1970er-Jahren Delia Smith, die erste Fernsehköchin, die es unternahm, mit Sendungen und Büchern ein noch viel größerer Publikum mit klaren Schritt-für-Schritt-Anweisungen darüber aufzuklären, wie man richtig kocht. Sie wurde so bekannt, dass man sie wie Jamie meist nur bei ihrem Vornamen nannte. Ihre Bücher wurden eine Art Bibel für viele Briten wie zum Beispiel meinen Vater, als er im Alter von 76 Jahren plötzlich allein leben musste und kaum ein Ei kochen konnte.

Alle diese berühmten und weniger berühmten Köche verbindet eine Liebe zum Essen und eine Leidenschaft für das Kochen, die sehr ansteckend sind. Zweifellos bleiben nach wie vor viele Briten reine Sesselköche, die eine Fertigmahlzeit verschlingen, während sie Kochsendungen angucken. Anderen läuft beim Anblick der Gerichte das Wasser im Munde zusammen, sie nehmen sich Rezepte aus ihren Hochglanzkochbüchern vor (die ein amerikanischer Kochbuchautor auch schon als »Food-Porno« bezeichnet hat) und lassen sich dann doch eine Pizza kommen. Aber wieder andere kehren mit neuem Genuss in ihre Küche zurück. Inzwischen gibt es in England nicht nur Top-Restaurants, besonders in London. Auch die häusliche Küche hat sich definitiv extrem verbessert.

Natürlich präsentieren die berühmten englischen Köche ihren Gästen und den Fernsehzuschauern viele internationale Gerichte. Doch seit einigen Jahren und mit wachsendem Stolz befassen sie sich auch mit der einheimischen Küche. Manche graben alte, längst vergessene Rezepte aus, andere sorgen für die Wiederentdeckung von einheimischen Produkten, auf die man jahrelang eher herabgesehen hatte. Fergus Henderson, dessen Restaurant gleich um die Ecke von Smithfield Market, dem großen Londoner Fleischmarkt, liegt, ist berühmt geworden durch seine ganz simplen und hervorragenden Gerichte im englischen Stil. Er hat sich darauf spezialisiert, missachtete und für minderwertig angesehene Teile von Tieren zuzubereiten: Kutteln, Schweineohren und –schwänze, Entenherzen und so weiter. Unter seinen Händen werden daraus köstliche Mahlzeiten.

Heston Blumenthal hat großes Interesse an der historischen englischen Küche und rekonstruiert zusammen mit Historikern alte Rezepte, auch aus dem Mittelalter, der Tudor-Zeit oder der viktorianischen Ära. Er bereitet sie in seinen Fernsehshows zu und bietet sie in seinen Restaurants an, besonders im »Hind's Head«, einem Wirtshaus aus dem 15. Jahrhundert in der Nähe des sternegekrönten »Fat Duck« in Bray. Historische Küche ist so in Mode gekommen, dass eine regelrechte Aufregung entstand, als Historiker von der Mittelalterabteilung der British Library in einem Blog mitteilten, sie hätten ein Kochbuch aus dem Mittelalter entdeckt, in dem es auch ein Rezept für gebratenes Einhorn gebe. Das Rezept sei ganz simpel. Man mariniert das Einhorn mit Nelken und Knoblauch und brät es dann auf einem Rost. Sie behaupteten, das Rezept stamme von Geoffrey Fule, dem Koch der Königin Philippa von Hainault (1328–1369), der Frau von Edward III. Die Art, wie Fule ungewöhnliche Geschmacksnoten mische, mache ihn zum »Heston Blumenthal seiner Zeit«. Fule, dessen Name sich zufällig ausspricht wie »fool«, habe allerdings nicht mitgeteilt, woher man das Einhorn bekomme. Der Blog war auf den 1. April datiert.

Jamie Oliver hat sich ja eigentlich mehr auf mediterrane Küche spezialisiert, aber rechtzeitig zum diamantenen Kronjubiläum der Queen und zur Olympiade in London präsentierte er der Nation im Jahr 2012 ein großes englisches Kochbuch, ›Jamie's Great Britain‹. So wie die hereinkommende Flut alle Boote anhebt, hat der allgemeine Trend zum guten Essen auch der traditionellen englischen Küche gutgetan.

In meiner Jugend in Nordengland waren Pubs nur zum Trinken da und nur für Männer. Anständige Mädchen, so wurde ich es gelehrt, gehen nicht in Pubs, und wenn doch, dann nur in die besseren und teureren, in die Saloon Bars, und nicht in die ordinären, rauchgeschwängerten Public Bars, mit ihren Dartscheiben, Männerzoten und dem schweren Geruch nach Bier. Manche Pubs boten Erdnüsse oder Kartoffelchips an, zur Beförderung des Durstes, später vielleicht Fleischpasteten, Fish and Chips oder Würstchen mit Kartoffelbrei. Darauf beschränkte sich das Speisenangebot. Doch in den 1990er-Jahren fand eine grundsätzliche Veränderung statt. Essen ist heute ein wichtiger Bestandteil des Pub-Geschäftes. Die Gesellschaft hat sich verändert, der Lebensstil auch. Die Zeiten sind vorbei, in denen ein Mann stundenlang mit seinen Kumpeln im Pub herumhängen konnte, um dann nach Hause zu wanken, wo seine »kleine Frau« mit einer Mahlzeit auf ihn wartete. Deshalb sind Pubs eine Mischung von Bar und Bistro geworden, in denen man mittags und abends essen kann. Manche trauern vielleicht der alten Pub-Kultur nach, aber gewiss nicht die Frauen. Sie sind froh über die erweiterten Möglichkeiten, auswärts zu essen und im Pub preiswerte, schmackhafte traditionelle englische Kost zu bekommen, die gut zu einem oder zwei Gläsern Bier oder Cider passt. Unter traditionell verstehe ich auch Hamburger, Chili con carne, Currys und andere importierte Gerichte, die längst in die englische Küche integriert sind. Pub-Küche hat nie einen Anspruch auf ein Haute-Cuisine-Niveau erhoben, aber mit dem Trend zum guten Essen ging es auch einher, dass sich etwa The Eagle Pub im Londoner Bezirk Clerkenwell zum »Gastropub« mauserte und in der Folge zahlreiche »Gastropubs« entstanden, in denen ambitionierte Wirte liebevoll zubereitete, qualitätvolle Gerichte anbieten, für Gäste, denen wie ihnen selbst das Essen wichtig ist.

Als ich zum ersten Mal für dieses Thema recherchierte, gab es kein Ministerium oder irgendeine andere offizielle Organisation bzw. entsprechende Experten, die Auskunft über die Küche des Landes geben konnten. Das einzige offizielle Verzeichnis regionaler Produkte und Gerichte (Traditional Foods of Britain, Prospect Books, Totnes, Devon 1999) war von der EU initiiert und ausschließlich mit EU-Mitteln finan-

ziert und publiziert. In der Einleitung zeichneten die Autoren ein schockierendes Bild von den Schwierigkeiten, die sie beim Sammeln der Informationen hatten. »Die bloße Idee der Recherche rief Feindseligkeit von offizieller wie von privater Seite hervor. Das Eindringen von außen löste Ressentiments aus; und dann war da noch die bewusste Verschleierungstaktik vieler Briten, wenn es um Essen geht, das mehr ist als tägliche Notwendigkeit – seine bloße Existenz könnte andere Verhaltensmuster und Werte offenbaren als das momentane Einkommen oder das physische Überleben.«

Diese Zeiten sind vorbei. Inzwischen interessiert sich auch die Regierung fürs Essen. Angestoßen durch Jamie gibt es heute einen School Food Trust, der sich darum kümmert, dass Schulspeisungen gesünder sind, mehr Nährstoffe enthalten und besser schmecken. Das Hauptziel ist die Verbesserung von Gesundheit und Entwicklung bei den Kindern, aber es geht auch darum, sie selbst zum Kochen anzuregen. Der National Health Service veröffentlicht eifrig gesunde, nicht dick machende Rezepte. Der halboffizielle, aber sehr einflussreiche Good Food Trust mit einer eigenen Website

»The Great British Kitchen« konzentriert sich auf die vergnüglichen Aspekte des Essens und engagiert sich sehr für eine gesunde, traditionelle britische Küche. Dazu gehören auch die Veröffentlichung von über 1000 entsprechenden Rezepten und die Setzung von Standards für die Ausbildung und Qualifikation von Köchen. Noch diverse andere Organisationen und Einrichtungen sind inzwischen leidenschaftlich mit dem Kochen beschäftigt.

Ich hätte mir vor einigen Jahren auch nicht träumen lassen, dass sich die englische Küche in anderen europäischen Ländern verbreiten würde, inklusive Deutschland. In Deutschland gab es zwar schon lange Pubs mit englischem Bier und mehr oder weniger englischem Essen und noch mehr Irish Pubs, die sich – bei allem Respekt – von den anderen Pubs allerdings vorrangig durch das Adjektiv »Irish« unterschieden. (Was auch ganz in Ordnung ist, denn zwischen den beiden Küchen gibt es viele Gemeinsamkeiten.) Womit ich niemals gerechnet hätte, das sind die zahllosen English cafés, English food shops, English patisseries und – ja – englischen Restaurants, die in den größeren Städten aus dem Boden schossen. Im Jahr 2001 zum Beispiel haben der Münchner Geschäftsmann Tobias Woitzik und seine zwei Partner, Jonathan Phelps, ein Engländer, und Uwe Lindner, ein Bayer, ihr erstes »Victorian House«-Restaurant in München eröffnet. Es war so erfolgreich, dass bald weitere folgten. Im Jahr 2012 hatten sie nicht weniger als fünf solche Etablissments, vom Luxus-Restaurant bis zum schicken Tea-and-scones-Shop. Im Jahr 2011 hat Nadine Sauerzapfe, eine junge Frau und ausgebildete Betriebswirtin, »East London«, das erste englische Restaurant in Berlin eröffnet. Am Mehringdamm in Kreuzberg. Es läuft so gut, dass sie darüber nachdenkt, ein zweites zu eröffnen. Bis die Neuausgabe von ›English Cooking‹ erschienen ist, ist es vielleicht schon so weit. Nadine ist viel gereist in Großbritannien und englischsprachigen Ländern wie Neuseeland oder Südafrika, wo sich die englische Tradition erhalten hat. Sie sagt: »Ich habe die Küche lieben und schätzen gelernt. Mensch, dachte ich, sie hat so einen schlechten Ruf. Woher kommt das? Es stimmt ja gar nicht. So viel in der englischen Küche ist spitze. Es gibt so tolle Restaurants dort.« Sie hatte auch – ich flunkere nicht – mein Buch gelesen. Das hat sie ermutigt, wie sie sagt. Sie beschloss, die englische Küche nach Berlin zu bringen.

Die Finanzkrise war voll im Gange. Es war schwierig, einen Startkredit von der Bank zu bekommen. Die Banker wollten sich nicht engagieren, weil die Gastronomie in schwierigen Zeiten als ökonomisch besonders anfällig gilt. Außerdem war Nadine, auch wenn sie eine hervorragende Ausbildung und einen ausgezeichneten Businessplan hatte, eine Anfängerin. Und abgesehen davon, was die Banker von englischer Küche überhaupt gehalten haben mögen, es gab kein Vorbild für diese Geschäftsidee in Berlin. Es gab keinen Vergleichsmaßstab. Aber ein Banker sagte schließlich doch, er habe ein »gutes Gefühl« bei ihrem Projekt. Wenn sie das x-te italienische Restaurant hätte aufmachen wollen, dann hätte er abgelehnt. Aber das sei ein völlig neues Unterfangen. Es sei ein Risiko, aber es sei das Risiko wert. Seine Befriedigung darüber, dass er sie unterstützt hatte, und das Eingeständnis der skeptischen Lieferanten, dass sie recht gehabt hatte, gehören zu Nadines angenehmsten Erinnerungen.

Ganz einfach war es dennoch nicht. Nadine in Berlin und vor ihr Uwe Lindner, Tobias Woitzik und Jonathan Phelps in München mussten subtile Strategien einsetzen, um die fest verankerten Vorurteile zu überwinden. Diese Strategien waren sehr unterschiedlich und zeigen interessanterweise auch die Unterschiede zwischen den beiden Städten. Lindner, Woitzik und Phelps boten ihren Gästen ein elegantes englisches Lifestyle-Ambiente an mit Farrar-and-Ball-Farben an den Wänden, Colefax and Fowler-Vorhängen an den Fenstern, mit polierten Mahagoni-Tischen, auf denen dreiarmige Silberkandelaber stehen, mit prachtvollen offenen Kaminen, mit gemalten Porträts an den Wänden, die so aussehen, als hätten sie schon immer dort gehangen. Ihre Cafés und Shops sind einfacher, aber immer noch sehr exquisit ausgestattet. Am Anfang hatten sie neben klassischen englischen Gerichten auch internationale Küche im Angebot. Erst nach ein paar Jahren fassten sie sich ein Herz und boten in ihrem Restaurant am Rotkreuzplatz in München eine rein britische Speisekarte an. Mit so viel Erfolg, dass sie das auch auf ihre anderen Unternehmen übertragen wollen. »Man muss die Leute nur überzeugen«, sagt Tobias Woitzik.

Nadines Lokal »East London« sieht von außen eher wie ein London-Shop aus als ein Restaurant. Die Speisekarte ist zwar mit Kronen gesprenkelt und der Slogan heißt: »God Save Brit Food.« Aber die Ausstattung ist ganz modern und ziemlich international. Wenn man eintritt, kommt man zuerst zur Theke, wo die Halbherzigen einfach nur englisches Gebäck kaufen und essen können, das jeden Tag frisch zubereitet wird. Das kann der erste Schritt zum Afternoon Tea oder English Breakfast an den Tischen sein, wo man dann feststellt, dass alles ganz anders ist als befürchtet. In der Tat scheint das English Breakfast der Hit sowohl in München wie in Berlin zu sein und wird – zum Erstaunen vermutlich der englischen Gäste – bis in den Nachmittag hinein serviert. Pasteten und Kuchen, die auch in München frisch zubereitet werden, sind ebenfalls besonders beliebt. Ebenso Scones, von denen das Victorian House in der Hochsaison im Winter sage und schreibe zwischen 1500 und 1800 täglich verkauft. Begleitet von riesigen Mengen »clotted cream«, Streichrahm, der direkt aus Devonshire importiert wird.

»Es wäre schade, wenn überholte Klischees uns davon abhielten, dieses Aschenputtel unter den Küchen Europas besser kennenzulernen«, schrieb ich vor elf Jahren. Heute brechen die Klischees in sich zusammen, der schlechte Ruf der englischen Küche verflüchtigt sich, und Cinderella geht auch zum Tanz.

Frühstück

Die beste Methode, um einen Hungerstreik zu beenden – sollte man jemals mit diesem Problem konfrontiert sein –, besteht darin, Eier und Speck in Riechweite der Protestierenden zu braten. Diesen Tipp gab mir einst ein Bobby in meiner Heimatstadt. Er meinte, er und sein Kollege hätten das als praktische Lösung entwickelt, um solche Aktionen in den Zellen der örtlichen Polizeistation schon im Keim zu ersticken. Es habe immer funktioniert, versicherte er mir.

Eine der unvergesslichsten Erinnerungen meiner Kindheit ist mit Sicherheit der Geruch von Speck und Toast, der morgens aus der Küche die Treppe hinaufsteigt und einem das Wasser im Mund zusammenlaufen lässt. Und selbst dem disziplinertesten Verfechter gesunder Ernährung dürfte es schwerfallen, Eiern mit Speck, gebratenen Tomaten, Würstchen und anderen Versuchungen, wie sie auf den polierten Eichenanrichten eines Landhauses oder Hotels präsentiert werden, zu widerstehen.

Doch vielleicht sind die Zellen der Polizei sogar der Ort, an dem der normale Engländer noch in die Nähe von Frühstückseiern und Speck kommt. Nur noch eine verschwindend kleine Minderheit nimmt ein traditionelles englisches Frühstück zu sich. Der moderne Lebensstil, außer Haus berufstätige Frauen, gesteigertes Gesundheitsbewusstsein und einfach weniger Zeit haben dazu geführt, dass diejenigen, die sich gesund ernähren, ein Schälchen Müsli mampfen, bevor sie aus dem Haus eilen. Bei vielen reicht es nur noch für eine Tasse Kaffee und leider gehen viele Kinder mit leerem Magen zur Schule. Das traditionelle englische Frühstück hat sich praktisch nur in Hotels und Bed-and-Breakfasts gehalten –

25

zur Freude der Touristen und als Besonderheit für Einheimische im Urlaub.

Streng genommen beginnt das englische Morgenritual für diejenigen, die in seinen Genuss kommen, noch im Bett: Man wird vom Klopfen an der Tür geweckt und bekommt eine belebende Tasse Tee zusammen mit der Zeitung serviert. Manche Hotels und Pensionen haben leider inzwischen diese vulgären Teemaschinen auf den Zimmern, die man am Abend vorher programmiert, damit sie zur gewünschten Zeit ein Tässchen aufbrühen. Man beachte jedoch, dass die hinzugefügte Milch zwangsläufig H-Milch ist, was meiner Ansicht nach den Geschmack des Tees ruiniert.

Sobald man sich treppab begeben hat – und ein englisches Frühstück im Bett einzunehmen verdirbt nicht nur den Spaß, sondern ist auch reichlich unpraktisch –, steht man vor einer verwirrenden Vielzahl von Möglichkeiten. Mir kommt es manchmal geradezu unfair vor, um diese Tageszeit schon mit so vielen schwierigen Entscheidungen konfrontiert zu werden. Da gibt es verschiedene Sorten Fruchtsaft, mehrerlei fri-

sches Obst oder Kompott, noch mehr Sorten Zerealien und Müsli, Porridge, gekochte, gespiegelte, pochierte und Rühreier, Speck, Tomaten, gebratenes Brot, Nieren, Würstchen, Leber, Kipper (geräucherter Hering), Toast, Brötchen, Brot, Marmelade, Jam, Honig und vielleicht noch mehr. (Eventuell bietet man auch ein kontinentales Frühstück an – Fruchtsaft, Croissants, Butter und Marmelade. Das ist zwar fantasielos, aber wenigstens einfacher.) Lassen Sie uns mit den typischsten Bestandteilen beginnen.

Eine halbe Grapefruit galt lange Zeit als Lieblingsvorspeise, und ein aufmerksamer Gastgeber wird jedes Segment vorsichtig mit einem Messer lösen – es gibt sogar Spezialmesser dafür – und das Ganze mit Zucker bestreuen. Dann muss man als Gast nur noch die Stückchen herausheben, oft mit einem speziell dafür gemachten, langen Grapefruitlöffel, und läuft nicht Gefahr, sich den Saft in die Augen zu spritzen.

Dann folgt der Porridge. Das war vielen meiner Generation ein Graus, denn sie wurden als Kinder gezwungen, einen Mundvoll nach dem anderen von dieser grauen, gummiartigen, geschmacklosen Masse zu schlucken, die unter dem Namen Porridge firmierte. Die Vorstellung, dass arme Schotten früher praktisch dreimal täglich nichts anderes zu essen hatten, war erschreckend. So bald wie möglich mieden wir das Zeug wie die Pest, denn es galt als Symbol der Tyrannei der Erwachsenen sowie als tödlich für die schlanke Linie. Inzwischen haben wir gelernt, dass Hafermehl sehr gesund ist, und außerdem – das mag eine reine Selbsttäuschung sein oder an der liebevolleren und sorgfältigeren Zubereitung liegen – sieht Porridge heute so viel ansprechender aus und schmeckt auch bedeutend besser.

Seltsam, dass etwas so Schlichtes und Gesundes schon seit Generationen Thema nicht einer, sondern zweier ergebnisloser Debatten ist. Bei der ersten geht es um die Frage: Sollte man ihn mit Zucker oder mit Salz essen? Die Schotten besitzen große Autorität in Sachen Porridge, denn er scheint aus ihrer Gegend zu stammen – Hafer gedeiht in Schottland prächtig –, und sie neigen dazu, ihn mit Salz zu essen, was den nussigen Geschmack des Getreides unterstreicht; man hält diese Variante demnach für die authentischere. Viele Leute, vor allem jene aus südlicheren Gegenden, bevorzugen Porridge, der großzügig mit Zucker – am liebsten mit krachendem braunem Zucker – bestreut wurde. (Eine Prise Salz beim Kochen kommt immer dazu, einfach um das Aroma zu verstärken.) In beiden Fällen wird das Gericht mit Milch oder, noch besser: mit Sahne serviert.

Aber dann steht man schon vor dem nächsten Dilemma: Soll man seinen Porridge im Stehen oder im Sitzen essen? Darüber sind schon an vielen Frühstückstischen und auf den Leserbriefseiten der ›Times‹ Diskussionen entbrannt. Manch schottischer Adeliger war bekannt dafür, mit der Porridge-Schale in der einen und dem Löffel in der anderen Hand das Frühstückszimmer zu durchmessen, während er über die anstehenden Dinge des Tages sinnierte oder aus dem Fenster in den Regen starrte. Einer von ihnen war kein Geringerer als Alasdair, der 7. Lord Macdonald of Macdonald und 27. High Chief des Macdonald-Clans. Sein Sohn Godfrey jedoch, das gegenwärtige Clanoberhaupt, bleibt stur sitzen. »Das war reine Affektiertheit«, meint er naserümpfend.

Porridge

Für eine Portion:
570 ml Wasser
60 g Hafermehl (die gröbere Sorte sorgt für mehr Struktur, feinere Varianten ergeben eine cremigere Grütze)
1 Prise Salz
Salz oder Zucker zum Bestreuen
Milch oder Sahne

Erhitzen Sie das Wasser in einem Topf. Sobald es kocht, streuen Sie das Hafermehl nach und nach hinein und rühren mit einem Schneebesen um, bis die Flüssigkeit wieder zu kochen beginnt. Fügen Sie das Salz hinzu und lassen Sie die Grütze bei schwacher Hitze 20 bis 25 Minuten (oder so lange, wie es auf der Packung des Hafermehls angegeben ist) köcheln. Mit Zucker oder Salz bestreuen und mit warmer Milch oder kalter Sahne sofort servieren.

Eier mit Speck

Kommen wir nun zu den berühmten Eiern mit Speck. (Sollten Sie keinen englischen Bacon bekommen, empfehle ich dänischen.) Sie können die Speckstreifen grillen oder in der Pfanne braten und die Eier auf jede erdenkliche Weise zubereiten. Ich finde es am praktischsten, zunächst den Speck in etwas Sonnenblumenöl zu braten, bis er ziemlich knusprig ist, und ihn dann im Ofen warm zu halten, während man die Eier, Tomaten und Würstchen im selben aromatischen Fett brät. Die Tomaten sollten Sie halbieren, aber nicht häuten, weil sie sonst zu sehr auseinanderfallen; vor dem Braten leicht salzen und pfeffern. Englische Würstchen sind etwas gewöhnungsbedürftig, denn sie werden anders gemacht und gewürzt als auf dem Kontinent. Solche aus reinem Schweinefleisch und von bester Qualität sind am leckersten; Würstchen aus Rindfleisch finde ich weniger verlockend. Wer auch Nieren mitbraten möchte, sollte zu solchen vom Lamm greifen. Wenn alle Zutaten fertig sind, kommen noch ein paar Scheiben Brot in die Pfanne; diese brät man, bis sie die ganze Flüssigkeit aufgesogen haben und leicht knusprig sind.

English Scrambled Eggs
(Rühreier)

Diese Eierspeise unterscheidet sich ein bisschen von den üblichen Rühreiern.

Für eine Portion:
1 TL Butter
3 EL Milch
2 Eier
Salz
Pfeffer
evtl. 1 TL geriebener Parmesan
1 Scheibe Toastbrot

Die Butter in einer Pfanne mit schwerem Boden bei schwacher Hitze schmelzen. Dann fügen Sie die Milch hinzu und lassen sie warm werden. Die Eier mit Salz, Pfeffer und Parmesan verquirlen und in die Pfanne geben. Bei schwacher Hitze stocken lassen und dabei mit einem Schneebesen verrühren, so dass sich kleine, noch weiche Stückchen bilden. Das Ganze ist ein ziemlich langsamer Prozess, zu große Hitze verdirbt das Gericht. Auf dem warmen Toastbrot anrichten und sofort servieren.

Eine Alternative zu Eiern mit Speck sind gegrillte Kippers – bitte niemals beides zusammen. Dabei handelt es sich um Heringe, die ausgenommen, aber nicht entgrätet über Eichenspänen geräuchert werden. Die Technik variiert in den verschiedenen Teilen des Landes ein wenig, und auch die Farbe reicht von golden bis dunkelbraun. Die Qualität ist entscheidend – wenn Sie die Kippers nicht frisch von einem guten Fischhändler beziehen können, sind vakuumverpackte Fische aus einer Quelle Ihres Vertrauens empfehlenswert. Kippers aus der Dose sind meist weich, zerfallen leicht und sind kein adäquater Ersatz. Ein anderes ausgezeichnetes Fischgericht zum Frühstück ist Kedgeree, eine köstliche anglo-indische Spezialität aus geräuchertem Schellfisch, Reis, Eiern und Curry (siehe S. 137).

Eine leckere Ergänzung des Frühstücks – aber auch zur Teatime geeignet – sind Hot Cross Buns. Diese runden, würzigen, goldbraunen Brötchen, die kreuzförmig eingeschnitten oder mit einem Kreuz aus Teig verziert sind, wurden traditionell für den Karfreitag gebacken – deshalb das Kreuz. Dem Volksglauben zufolge verdirbt Brot, das am Karfreitag gebacken wird, niemals, und deshalb hing man früher einige Brötchen als Glücksbringer in der Küche auf. In Wasser eingeweichten Stückchen dieser Brötchen schrieb man Heilkraft zu. Besonders warm schmecken Hot Cross Buns so gut, dass man sie heute das ganze Jahr hindurch isst. Wie so viele andere Dinge auch sind sie selbst gemacht am besten.

Hot Cross Buns
(warme Rosinenbrötchen)

Für 12 Brötchen:
60 g Zucker
150 ml lauwarmes Wasser
30 g Hefe
450 g Mehl
½ TL Salz
je 1 TL Zimt, Muskat und Piment
100 g Rosinen
150 ml warme Milch
2 Eier
60 g Butter
2 EL Zucker
2 EL Wasser

Verrühren Sie einen Teelöffel des Zuckers mit dem warmen Wasser. Bröseln Sie die Hefe hinein und lassen Sie die Mischung 15 Minuten stehen, bis sich dicker Schaum an der Oberfläche gebildet hat. Geben Sie das Mehl, das Salz und die Gewürze in eine Rührschüssel und fügen Sie den restlichen Zucker und die Rosinen hinzu, sodann die Hefemischung, die Milch, ein Ei sowie die geschmolzene Butter. Mit einem Holzlöffel zu einem glatten Teig verarbeiten. Anschließend kneten Sie den Teig auf einer bemehlten Fläche noch 5 bis 10 Minuten, bis er glatt und geschmeidig ist. Legen Sie ihn zurück in die Schüssel und lassen Sie ihn mit einem feuchten Küchentuch oder Frischhaltefolie bedeckt an einem warmen Ort gehen, bis er sein Volumen verdoppelt hat.

Nehmen Sie dann den Teig aus der Schüssel und kneten Sie ihn, bis er wieder seine ursprüngliche Größe hat. Nun teilen Sie ihn in 12 gleich große Stücke, die Sie zu dicken Scheiben formen und auf ein mit Backpapier belegtes Kuchenblech legen. Bestreichen Sie die Teigkreise mit verquirltem Ei und ritzen Sie mit einem scharfen Messer jeweils ein tiefes Kreuz hinein. Zugedeckt weitere 30 Minuten gehen lassen.

Die Brötchen in einem auf 220 °C (Gas Stufe 7) vorgeheizten Backofen etwa 15 Minuten backen. Inzwischen den Zucker im heißen Wasser auflösen und die fertig gebackenen Brötchen noch heiß damit bestreichen.

Toast und Marmelade

Zum englischen Frühstück gehören außerdem, falls Sie noch Appetit haben, Toast und Marmelade. Der Toast sollte aus hellem oder dunklem Brot mit feiner Krume sein und nach Möglichkeit warm und knusprig auf den Tisch kommen. Am besten serviert man ihn aufrecht stehend in einem Toast-scheibenhalter, der die Scheiben voneinander trennt. Wenn man Toast aufeinanderstapelt, wird er leicht weich. Die Butter ist traditionell leicht gesalzen und wird in Form von kleinen Kugeln, Flocken oder im Töpfchen gereicht.

Marmelade ist ein unverzichtbarer Bestandteil des Frühstücks. Ja, man möchte fast glauben, dass die Engländer auf sie ebenso wenig verzichten können wie auf Tee. Sie und die Schotten – die eigentlichen Erfinder des süßen Aufstrichs – haben ihn in aller Welt verbreitet: Im Gepäck von Forschern gelangte er bis an den Nordpol bzw. im Rucksack der Bergsteiger bis auf den Mount Everest. Die russische Zarin und die Königin von Griechenland, beide Enkelinnen von Königin Victoria, ließen sich regelmäßig Nachschub aus England liefern. Die britische Begeisterung für Marmelade beansprucht fast die gesamte Ernte der kleinen, bitteren Sevilla-Orangen (Pomeranzen), die in Südspanien wachsen. Streng genommen bezeichnet *Marmalade* nur Orangenkonfitüre. Inzwischen benutzt man in England die Bezeichnung aber auch für Konfitüren aus anderen Zitrusfrüchten wie Limonen und Zitronen; Aufstriche aus sonstigen Obstsorten heißen schlicht *Jam*.

In Großbritannien, aber auch im Ausland findet man eine große Auswahl hervorragender englischer Marmeladen, die von dicken, kräftigen Erzeugnissen des Oxfordtyps mit großen Stücken Schale und manchmal Whiskey- oder Brandyaroma bis zu leichteren, feineren Mischungen reichen. Für den Gaumen des Perfektionisten ist jedoch die hausgemachte Marmelade mit nichts zu vergleichen. Eines der besten Rezepte hat die leider schon verstorbene Jane Grigson hinterlassen. Die Kochbuchautorin mit außerordentlichen Kenntnissen in der traditionellen und modernen britischen Küche trug eine ganze Bibliothek von Rezepten und historischen Quellen zusammen.

Beachten Sie bitte, dass Marmelade nur mit echten Pome-

ranzen gelingt; die normalen Tafelorangen sind dafür nicht
geeignet. Dieses Rezept, und besonders die stärkere Variante
im letzten Abschnitt, schmeckt ebenso gut, wenn man gute,
frische, unbehandelte Zitronen verwendet.

Jane Grigson's Marmalade
(Orangenkonfitüre)

1,5 kg Pomeranzen (Schale unbehandelt)
3¼ l Wasser
3 kg Zucker

Die Orangen unter fließendem Wasser abbürsten und
im Wasser bei schwacher Hitze etwa 1½ Stunden lang
kochen, bis die Schale weich ist und sich leicht durch-
stechen lässt. Nehmen Sie die Orangen aus dem Koch-
sud und lassen Sie sie auskühlen; anschließend vierteln
Sie die Früchte. Entfernen Sie die Kerne und geben Sie
diese in ein Baumwollsäckchen. Die Fruchtviertel nach
Belieben in größere oder kleinere Stücke schneiden.
Geben Sie nun die Fruchtstücke und das Säckchen mit
den Kernen wieder in die Kochflüssigkeit. Den Zucker
hinzufügen und die Mischung unter Rühren zum Kochen bringen. So lange kochen lassen, bis die Marmelade zu stocken beginnt. 10 bis 15 Minuten ruhen lassen, bevor Sie die Masse in Einkochgläser abfüllen und
fest verschließen, sonst sinkt die Schale sofort auf den
Boden.
Für eine noch kräftigere Marmelade im Oxfordstil wiegen Sie die Fruchtstückchen und kochen sie mit der
gleichen Menge Zucker sowie 300 ml Kochflüssigkeit
pro 500 g Fruchtfleisch auf. »Das ergibt die feinste aller
Marmeladen«, schrieb Mrs Grigson. »Sie mag einem
teuer erscheinen, aber man isst auch weniger davon,
weil sie intensiver schmeckt.«

Lunch

(wird manchmal auch als Dinner bezeichnet)

Wie in vielen anderen Ländern ist der Lunch oder das Mittagessen auch in England eine sehr variable Angelegenheit. Dabei kann es sich um ein sechsgängiges Gourmet-Menü für geschätzte Geschäftsfreunde in einem teuren Restaurant handeln, um eine bescheidene Mahlzeit am Küchentisch oder um ein zwischen zwei Terminen rasch hinuntergeschlungenes Sandwich.

An einem Tag der Woche jedoch kommt das Mittagessen so richtig zur Geltung. Der Sonntags-Lunch ist in vielen Familien die einzige Mahlzeit, bei der man in aller Ruhe, oft mit Freunden und Verwandten, zusammensitzt und die Gerichte genießt, die englische Familien schon seit Generationen sonntags essen: an erster Stelle Roastbeef und Yorkshirepudding oder Lammbraten mit Mint Sauce. Und falls die Köchin oder der Koch (statistisch gesehen ist es in den englischen Familien nach wie vor meistens eine Köchin) in der Familie lieber ausschläft, als diese Spezialitäten selbst zuzubereiten, gibt es viele Pubs und Restaurants, die sie servieren. An solchen Orten findet man vom knisternden Kaminfeuer über Holzvertäfelungen bis hin zu glänzenden Messingverzierungen all das Drum und Dran, das einem Engländer das Gefühl gibt, von »Tradition« umgeben zu sein.

Roastbeef und Lamm sind natürlich nicht strikt dem Sonntag oder dem sonntäglichen Mittagessen vorbehalten. Die meisten englischen Gerichte sind zwischen Mittag- und Abendessen austauschbar. Meine Auswahl von traditionellen Sonntags-Lunchgerichten und bescheideneren Familienrezepten bedeutet nicht, dass diese nur zum Lunch gegessen werden sollten – auch abends schmecken sie besonders gut. Aufwändigere, besonders festliche Speisen finden sich im Kapitel »Dinner«.

Der traditionelle Sonntags-Lunch beginnt meist, wenn auch nicht zwingend, mit einer Suppe. Die Tomatensuppe erfreut sich hier großer Beliebtheit. Sie kann scheußlich schmecken, wenn sie – wie leider viel zu oft – aus der Dose kommt, oder einfach köstlich, wenn man sie selbst frisch zubereitet. Das folgende Rezept orientiert sich eher am modernen als am althergebrachten englischen Geschmack.

Tomato Soup
(Tomatensuppe)

300 g vollreife Tomaten
1 Schalotte
½ Stange Lauch
1 kleine Selleriestange
Olivenöl
1 EL Tomatenmark
1⅛ l Hühnerbrühe
Salz und frisch gemahlener schwarzer Pfeffer
½ Bund frisches Basilikum

Die Tomaten blanchieren, häuten, halbieren und die Kerne entfernen. Das Fruchtfleisch würfeln. Die Schalotte, den Lauch und den Sellerie putzen und ebenfalls in kleine Würfel schneiden. Erhitzen Sie etwas Olivenöl in einem Topf. Darin dünsten Sie dann die Gemüsewürfel und die Tomatenstückchen an. Das Tomatenmark dazugeben und mit der Brühe aufgießen. Nach Geschmack salzen und pfeffern und ohne Deckel bei schwacher Hitze etwa 20 Minuten köcheln lassen. Die leicht abgekühlte Suppe im Mixer pürieren, zurück in den Topf geben, noch einmal kurz erhitzen und mit in Streifen geschnittenen Basilikumblättchen servieren. Hier noch zwei weitere Suppen, die wirklich nicht schwer zuzubereiten sind und frisch gekocht ausgezeichnet schmecken:

Mushroom Soup
(Pilzsuppe)

225 g frische Pilze
4 EL Butter
3 EL Mehl
570 ml Hühnerbrühe
280 ml Milch
2 EL gehackte Petersilie
Salz, Pfeffer
1 EL Zitronensaft
Sahne (nach Wunsch)

Die Pilze putzen, waschen und im Mixer zerkleinern. Die Butter in einer Kasserolle schmelzen, das Mehl einstreuen und ein paar Minuten lang unter Rühren anschwitzen. Gießen Sie dann nach und nach die Hühnerbrühe dazu und lassen Sie die Suppe aufkochen. Dabei am besten mit einem Schneebesen kräftig rühren, damit sich keine Klümpchen bilden. Nun kommen die Milch, die Pilze und die Petersilie dazu. Mit Salz, Pfeffer und Zitronensaft abschmecken und fünf Minuten kochen lassen. Vor dem Servieren nach Belieben mit etwas flüssiger Sahne verfeinern. Diese Suppe schmeckt heiß, ist jedoch kalt sogar noch besser.
(Ich empfehle Ihnen, in der zerlassenen Butter noch eine halbe zerdrückte Knoblauchzehe anzudünsten, bevor das Mehl dazukommt. Allerdings würden das manche Leute vielleicht als »unenglisch« ablehnen.)

Spinach Soup
(Spinatsuppe)

1 kg frischer Blattspinat
3-4 Schalotten
4 EL Butter
280 ml Hühnerbrühe
Salz, Pfeffer
Sahne (nach Wunsch)

Waschen Sie den Spinat gründlich und lassen Sie ihn auf einem Sieb abtropfen. Die Schalotten fein hacken, die Butter in einer Kasserolle schmelzen und die Schalotten darin glasig braten. Dann fügen Sie den Spinat hinzu und garen ihn langsam auf kleiner Flamme. Dabei umrühren und falls nötig ein paar Tropfen Wasser dazugeben.

Anschließend lassen Sie den Spinat auskühlen, pürieren ihn im Mixer oder mit einem Pürierstab (falls nötig mit etwas Wasser). Es ist wichtig, den Spinat erst kalt werden zu lassen, damit es Ihnen nicht ergeht wie meinem Vater einmal, der das Spinatpüree von der Decke kratzen musste.

Nun kommt das Püree zurück in den Topf, wird mit der Hühnerbrühe aufgegossen und mit Salz und Pfeffer abgeschmeckt. Die Suppe noch einmal richtig erhitzen, auf Wunsch mit Sahne verfeinern und sofort servieren.

Der Höhepunkt des Sonntags-Lunchs bei uns zu Hause war der Moment, wenn mein Vater, der am Kopfende des Tisches saß, das Tranchiermesser und den langen Wetzstahl zur Hand nahm und mit vergnügter Miene dieses unverwechselbare Geräusch erzeugte: Schschscht, schscht, schscht. Dann tauschte er den Stahl gegen eine lange Gabel mit einer verschiebbaren Metallzunge, die seinen Zeigefinger schützen sollte, falls das Messer abrutschte. Er machte sich daran, das große Roastbeef oder die Lammkeule auf der ovalen Platte vor sich zu tranchieren, während wir Kinder jede seiner Bewegungen verfolgten. Es kam uns nie in den Sinn, dieses patriarchalische Ritual infrage zu stellen, obwohl meine Mutter absolut dazu in der Lage gewesen wäre, das Fleisch ebenso korrekt wie er zu tranchieren – nur dass sie es unauffällig in der Küche getan hätte, ohne das ganze Brimborium und die Show. Heute ist mir klar, dass das wahrscheinlich ein Relikt des großen Pomps war, der diese Majestät unter den englischen Speisen durch die Jahrhunderte hindurch begleitete, angefangen bei den Fanfaren, die einst seine Ankunft im königlichen Bankettsaal ankündigten.

Denn dieser Rinderbraten ist nicht nur einfach ein Stück Fleisch. Jahrhundertelang war er das Symbol von Unabhängigkeit, Stärke und Wohlstand der Nation. Er stand für Freiheit, Mut, Ehrlichkeit, Aufrichtigkeit, Tapferkeit und all die anderen Tugenden, die die Engländer sich selbst gerne zuschreiben. Das war ihre Antwort auf die Franzosen mit ihrer leichteren, weitaus raffinierteren Küche, die von einer Elite bewundert, von der breiten Masse jedoch als verweichlicht und dekadent verachtet wurde. Die Lieblingsbezeichnung der Engländer für die Franzosen – Frogs (dt. Frösche), nach einem ihrer Lieblingsgerichte – sagt eigentlich schon alles.

Die nationale Bedeutung des Roastbeefs kommt in einem ausgelassenen Lied zum Ausdruck, das so beginnt:

When the mighty Roast Beef	Als das mächtige Roastbeef
Was the Englishman's food,	Des Engländers Nahrung war,
It ennobled our brains	Adelte es unsere Gehirne
And enriched our blood.	Und bereicherte unser Blut.
Our soldiers were brave	Unsere Soldaten waren mutig
and our courtiers were good	und unsere Höflinge gut
(Refrain) Oh the Roast Beef	(Refrain) Oh das Roastbeef
of old England	des alten Englands
And old English Roast Beef.	Und das alte englische Roastbeef.

Der Ruf des britischen Rindfleischs ist nach dem schrecklichen Rinderwahnsinn-Skandal der späten 1980er-Jahre nun völlig wiederhergestellt. Aufzucht, Fütterung und Schlachtverfahren und damit die Fleischqualität sind besser als zuvor. Der Trend unter Ernährungsbewussten, rotes Fleisch zu vermeiden stellt nun das Problem für Bauern dar. Dies mindert die Verkäufe. Derzeit wird versucht zu vermitteln, dass Rindfleisch wichtige Proteine und Eisen liefert – und auch, dass ohne Kühe und ihre grünen Weiden die englische Landschaft nicht mehr wiederzuerkennen wäre.

Roastbeef wird traditionell mit Yorkshirepudding gegessen, einer Art pikantem Kuchen; dazu gibt es noch Röstkartoffeln und gedämpftes oder gekochtes Gemüse, etwa Erbsen, Bohnen, Rosenkohl, Karotten oder Blumenkohl. Außerdem serviert man Gravy, eine Sauce aus Bratensaft, und nach Belieben Senf, Mixed Pickles oder eine Meerrettichsauce.

Roast Beef

Roastbeef ist einfach in der Zubereitung, benötigt jedoch viel Zeit. Sinnvollerweise beginnt man mindestens 2½ Stunden vor der Essenszeit mit dem Kochen.

Das erste wichtige Kriterium bei Roastbeef ist die Qualität des Fleischs – eine englische Köchin würde zu schottischem Rind greifen, möglichst Angus. Das beste Stück ist Lende, am besten mit dem Filet (das wird aber oft separat als Filetsteak verkauft). Roastbeef schmeckt besser, wenn das Fleisch am Knochen bleibt und nicht ausgelöst wird. Außerdem werden Profiköche nicht müde, die diätbesessene Öffentlichkeit daran zu erinnern, dass ein gewisser Fettanteil den Geschmack enorm verbessert.

Das Zweitwichtigste ist, dass Sie zum Braten ein großes Stück nehmen – mindestens 2-2½ Kilogramm –, denn kleinere Stücke gelingen einfach nicht so gut. Das mag verschwenderisch klingen, muss es aber nicht sein. Denn üblicherweise ist Roastbeef kein Gericht, das man bei einer Mahlzeit aufisst. Was Sonntagmittag übrig bleibt, kommt am Montag kalt auf den Tisch und wird beispielsweise mit Chutney, Pellkartoffeln und Salat gegessen, am Dienstag vielleicht in Pasteten oder zu Sandwiches verarbeitet. Von einem Rinderbraten kann man eben nie zu viel haben.

1 Stück Rinderlende
Mehl zum Bestäuben
Senfpulver
Salz, Pfeffer
Bratfett, Öl oder Butter

Reiben Sie den Braten mit etwas Mehl, Senfpulver, Salz und Pfeffer ein. 15 bis 30 Minuten ruhen lassen, damit das Fleisch die Aromen aufnehmen kann. Inzwischen den Backofen auf 245 °C (Gas Stufe 8) vorheizen. Wiegen Sie dann das Fleisch und berechnen Sie die Garzeit. Wenn Sie das Fleisch *rare* (d. h. innen noch blutig) möchten, benötigt es 30 Minuten pro Kilogramm. Soll der Braten *medium* (innen rosa, aber nicht mehr blutig) sein, kalkulieren Sie noch weitere 15 Minuten ein; für ganz durchgebratenes Fleisch (*well done*) insgesamt 1 Stunde pro Kilogramm.

Geben Sie ein wenig Fett in einen Bräter, legen Sie den Braten hinein und stellen Sie das Ganze in den Ofen. Nach 20 Minuten reduzieren Sie die Hitze auf 190 °C/Gas Stufe 5 (die anfängliche starke Hitze sorgt dafür, dass sich eine Kruste bildet, und verschließt die Poren, sodass das Fleisch innen saftig bleibt). Begießen Sie den Braten in regelmäßigen Abständen mit dem Saft, der sich auf dem Boden des Bräters sammelt, damit das Fleisch nicht austrocknet.

Wenn der Braten aus dem Ofen kommt, legen Sie ihn auf eine Servierplatte und lassen ihn etwa eine halbe Stunde lang an einem warmen Ort ruhen. Danach ist er leichter zu tranchieren – und keine Angst, er kühlt dabei nicht aus. Das gibt Ihnen außerdem Zeit, sich auf den Yorkshirepudding, die Röstkartoffeln und die Gravy zu konzentrieren.

Yorkshire Pudding

250 g Mehl
3 Eier
600 ml Milch (oder 400 ml Milch und 200 ml Wasser)
heißer Fleischsaft aus dem Bräter
Salz, Pfeffer
ein Backblech

Während das Fleisch brät, sieben Sie das Mehl in eine Schüssel und drücken eine Vertiefung in die Mitte. Dort hinein geben Sie die Eier, ein wenig Milch, Salz und Pfeffer. Verarbeiten Sie die Zutaten zu einem glatten Teig, während Sie nach und nach die restliche Milch hinzufügen. Wenn das Fleisch fertig ist, gießen Sie etwas von dem heißen Bratensaft auf das Backblech, verteilen den Teig darauf und backen ihn auf der obersten Schiene Ihres Ofens. Nach 20 bis 30 Minuten sollte der Pudding aufgegangen und goldgelb sein. Schneiden Sie ihn in Quadrate und servieren Sie ihn sofort mit dem Braten, denn es tut ihm nicht besonders gut, zu lange stehen zu bleiben.

(Manche Köchinnen legen auch den Braten auf einen Rost und fangen den Saft in der darunter stehenden Fettpfanne auf. Dann gießen sie eine halbe Stunde vor Ende der Garzeit den Großteil des Fleischsafts ab, geben den Teig in die Pfanne und stellen den Pudding direkt unter das Fleisch auf dem Rost. Bei dieser traditionelleren Variante bekommt der Pudding zwar angeblich mehr Geschmack, geht aber auch nicht so gut auf.)

Roast Potatoes
(Bratkartoffeln)

Ich schäle einfach die rohen Kartoffeln, schneide sie in ungefähr gleich große Stücke und verteile sie, gesalzen und gepfeffert, um das Fleisch im Bräter. Außerdem begieße ich sie genauso wie das Fleisch, damit sie nicht anbacken. Delia Smith, eine der größten Kochbuchautorinnen Großbritanniens, deren Kochbücher für drei Generationen von Cloughs Bibeln sind, kennt noch ein weitaus besseres Rezept für Perfektionisten. Ihr geht es darum, richtig knusprige Bratkartoffeln zuzubereiten, was nur in einer Extra-Pfanne mit viel heißerem Fett gelingt. Geben Sie dazu etwa 50 g Fett (am besten aus dem Braten ausgetretenes Fett oder ersatzweise Schweineschmalz) in eine hochwertige Pfanne mit schwerem

Boden (mit einer billigen Blechpfanne wird es nicht so gut) und stellen Sie sie zum Aufheizen in den Backofen. Inzwischen die geschälten Kartoffeln in gleichmäßig große Stücke schneiden, in einem Topf mit kochendem Salzwasser übergießen und 10 Minuten darin ziehen lassen. Danach abgießen, einen Deckel auf den Topf geben und kräftig schütteln. Das raut die Oberfläche der Kartoffeln auf, so werden sie später knuspriger.

Nehmen Sie jetzt die Pfanne aus dem Ofen und stellen Sie sie auf eine heiße Herdplatte. Wenn das Fett in der Pfanne richtig brutzelt, geben Sie die Kartoffeln hinein. Schütteln Sie die Pfanne so, dass alle Stücke mit Fett überzogen sind. Das versiegelt sie quasi. (Wenn das Fett nicht heiß genug ist, kleben die Kartoffeln am Pfannenboden fest und werden fettig.) Geben Sie die Pfanne anschließend auf der höchsten Schiene in Ihren Ofen (wenn sich da schon der Yorkshirepudding befindet, muss der eine Etage tiefer rücken). Braten Sie die Kartoffeln etwa 50 Minuten lang, wobei Sie sie nach der Hälfte der Zeit einmal wenden. Möglichst sofort servieren.

Gravy
(Sauce)

Gravy für Braten besteht hauptsächlich aus Fleischsaft und etwas Bratenfett. Die Sauce wird mit Mehl gebunden. Sobald das Fleisch aus dem Ofen ist und ruht, bereiten Sie rasch die Gravy im Bräter zu. Die Mengen variieren hier je nachdem, wie viel Fleischsaft und Fett beim Braten ausgetreten sind. Sollte es zu wenig sein, geben Sie einfach noch etwas Schmalz dazu. Stellen Sie den Bräter auf eine Herdplatte. Wenn die Flüssigkeit brutzelt, geben Sie einen Esslöffel Mehl dazu, das Sie sofort glatt rühren. Bei Bedarf können Sie auch mehr Mehl nehmen. Dann gießen Sie nach und nach unter ständigem Rühren etwas vom Kochwasser des Gemüses dazu. Achten Sie darauf, dass sich keine Klümpchen bilden.

Wenn Ihnen die Sauce zu blass und zu wenig appetitlich erscheint, geben Sie ein paar Tropfen Gravy Browning dazu. Das gibt es in England zu kaufen, ersatzweise können Sie auch Bovril-Sauce oder Maggi nehmen. Nach Geschmack salzen und pfeffern. Mit einem halben Teelöffel Worcestershire-Sauce oder ein paar Esslöffeln Rotwein können Sie die Sauce weiter verfeinern.

Roast Lamb
(Lammbraten)

Lammbraten gelingt wie alle englischen Lammfleischgerichte am besten mit britischem Lamm, das aus Wales oder im Idealfall aus den salzigen Sumpfgebieten an der Südküste stammt. Letzteres ist jedoch so selten zu bekommen wie ein Sechser im Lotto, da praktisch der komplette Bestand als Agneau présalé an Edelmetzger und Gourmet-Restaurants in Frankreich exportiert wird. Ein sehr guter Ersatz für britisches Lamm ist neuseeländisches. Lamm aus dem Mittelmeerraum schmeckt zwar köstlich, hat jedoch kleinere Knochen und weniger festes Fleisch, weshalb es sich für englische Lammgerichte nicht so gut eignet. (In Deutschland fiel mir auf, dass in manchen Städten türkische Geschäfte das beste Angebot haben.) Damit diese Rezepte wirklich gut gelingen, sollten Sie sich ruhig die Mühe machen, nach der Herkunft des Fleisches zu fragen.

Lammbraten ist wie Roastbeef einfach zubereitet. Die begehrtesten Stücke sind Keule und Schulter, wobei Ersteres leichter zu schneiden, Letzteres zarter und wohl etwas ergiebiger ist. Es gibt verschiedene Zubereitungsarten.

Meine Großmutter hätte den Backofen auf 220 °C (Gas Stufe 7) vorgeheizt und inzwischen etwas Schmalz im Bräter auf dem Herd zerlassen. Dann hätte sie das Fleisch darin rasch rundherum angebraten, um das Austreten des Safts zu verhindern. Anschließend hätte sie es mit Salz und ein wenig Zucker für eine schöne Kruste bestreut. Sobald der Ofen die gewünschte Temperatur erreicht hätte, hätte sie den Braten hineingegeben. Sie rechnete 20 Minuten Garzeit pro Pfund (450 g) plus 20 Minuten extra. Da sie das Fleisch gern durchgebraten aß, sollte, wer Lamm innen rosa mag, den Braten prüfen, bevor er die letzten 20 Minuten zugibt. Wenn der Braten nicht kalt gegessen werden soll, benötigt er noch 20 Minuten Ruhezeit, bevor man ihn schneiden kann.

Da heute fast jeder ein Faible für fremdländische Küchen hat und Lamm gerne rosa genießt, empfiehlt es sich, das rohe Fleisch mit etwas geschmolzener Butter einzupinseln, es rundherum mit Knoblauchscheibchen zu spicken und mit reichlich Rosmarin, Salz und Pfeffer zu bestreuen, bevor man den Braten in einen nicht ganz so heißen Ofen gibt, in dem dieser falls nötig etwas länger gart. Vor dem Aufschneiden aber auf jeden Fall 20 Minuten ruhen lassen.

Für eine andere Variante wird der Ofen auf 220 °C (Gas Stufe 7) vorgeheizt und das Fleisch wie beschrieben mit Knoblauch und Rosmarin gewürzt. Gießen Sie jedoch dann ½ l Rotwein über den Braten. Rechnen Sie wieder 20 Minuten Garzeit pro Pfund. Von Zeit zu Zeit das Fleisch mit etwas Rotwein aus dem Bräter begießen. Nach 45 Minuten die Temperatur auf 200 °C (Gas Stufe 6) herunterschalten.

Zum Lammbraten wird traditionell Mint Sauce gereicht, die man am besten mit frischer Minze aus dem eigenen Garten oder alternativ mit Mint Jelly zubereitet.

Mint Sauce
(Minzsauce)

3 gehäufte EL fein gehackte frische Minze
3 EL kochendes Wasser
1 EL milder Weinessig
1 TL Zucker

Geben Sie die Minze in ein kleines Saucenpfännchen. Mit dem Wasser beträufeln und etwas ziehen lassen. Bevor das Ganze auskühlt, mischen Sie den Zucker und den Essig unter.

Johannisbeergelee ist ebenfalls sehr beliebt zu Lammbraten wie auch zu Roastbeef. Ideale Beilagen sind frische Erbsen und neue Kartoffeln. Ein Zweiglein Minze im Kochwasser der Erbsen verleiht diesen einen besonders frischen Geschmack. Andere Gemüse, die gut zu Lamm passen, sind grüne Bohnen, Kidneybohnen, Rosenkohl und Bratkartoffeln.

Während viele englische Familien heutzutage ihr Mittagessen gerne von einem Take-away in der Nähe beziehen oder tiefgekühlte Fertiggerichte auftauen, war die traditionelle Hausfrau darauf bedacht, vorauszuplanen und große Sparsamkeit an den Tag zu legen. Wie ich schon sagte, waren die üppigen englischen Braten, so extravagant sie einem auch erscheinen mögen, dazu gedacht, ein paar Tage lang eine ganze Familie zu ernähren. Man kann das Fleisch einfach als kalten Braten essen, aber es gibt auch eine Reihe einfacher Gerichte zur Resteverwertung. Eine ausgezeichnete Verwendung dessen, was vom Sonntagsessen übrig geblieben ist, stellt beispielsweise der Shepherd's Pie dar. Diese bescheidene, aber beliebte Spezialität ist ein gutes Mittagessen für die Familie an einem Wochentag. Sein Name deutet darauf hin, dass es ursprünglich wohl aus Lammfleisch zubereitet wurde, Sie können aber genauso gut Rindfleisch dafür verwenden.

Shepherd's Pie
(Hirtenpastete)

1 kg Kartoffeln
60 g Butter
300 ml Milch

500 g kalter Rinder- oder Lammbraten
1 große Zwiebel
Olivenöl
1 EL Tomatenmark
Worcestershire-Sauce
1 Glas Rotwein
280 ml Rinderbrühe oder Gravy
3 TL Maismehl (nur bei Verwendung von Brühe)
Salz, Pfeffer
Butterflöckchen

Kochen Sie die Kartoffeln in Salzwasser, schälen Sie sie und stampfen Sie sie zusammen mit der Butter und der Milch, so dass ein cremiges Püree entsteht. Das Fleisch durch die grobe Scheibe des Fleischwolfs drehen. Die gehackte Zwiebel in Olivenöl andünsten, das Fleisch dazugeben und leicht bräunen lassen. Fügen Sie nun das Tomatenmark, die Worcestershire-Sauce, den Wein und die Gravy (oder die Brühe, die Sie mit Maismehl gebunden haben) hinzu. 10 Minuten köcheln lassen. Nach Geschmack mit Salz und Pfeffer würzen.

Geben Sie jetzt das Fleisch in eine Auflaufform und bedecken Sie es mit dem Kartoffelbrei. Sie können die Oberfläche nach Belieben mit einer Gabel verzieren oder kleine Hügel formen. Die Butterflöckchen gleichmäßig auf der Kartoffeldecke verteilen und das Ganze bei 180 °C (Gas Stufe 4) 45 Minuten lang backen, bis die Oberfläche goldbraun ist und das Fleisch brutzelt.

Ein anderes klassisches Gericht zur Resteverwertung ist Toad-in-the-Hole (Kröte im Loch), das ursprünglich aus übrig gebliebenen Fleischstücken und darum verteilten Stücken von Yorkshire Pudding bestand. Inzwischen gilt es aber als eigenständiges, angesehenes Gericht, für das Würste frisch gebraten werden. Es handelt sich hierbei übrigens um die moderne Weiterentwicklung einer antiken römischen Spezialität aus Wachteln oder anderen kleinen Vögeln, die man mit Gemüsepüree und aufgeschlagenen Eiern bedeckte und im Ofen buk, bis die Mischung gestockt war.

Toad-in-the-Hole

Teig für Yorkshire Pudding (wie auf S. 42 beschrieben)
500 g Bratwürste
Schmalz

Braten Sie die Würste ein paar Minuten lang in heißem Schmalz, bis sie rundherum schön braun sind. Schneiden Sie sie dann in größere Stücke. Den Backofen auf 220 °C (Gas Stufe 7) vorheizen. Verteilen Sie das Bratfett in einer Auflaufform. Den Teig hineingeben und die Wurststücke darin versenken, so dass sie von Teig bedeckt sind. Die Form in den Ofen geben und das Ganze etwa 35 Minuten lang backen, bis der Teig hellbraun, aber nicht zu fest ist.

Vom Sonntagsschmaus übrig gebliebenes Gemüse können Sie in einem anderen Gericht mit ebenso fantasievollem Namen verwerten. Bubble and Squeak (Blubber und Quiek) ist vielleicht nach den Geräuschen, die es beim Kochen macht, benannt. Es lässt sich mehr oder weniger aus jeglichem Gemüse zubereiten, das Sie gerade übrig haben, so lange genügend Kartoffeln dabei sind. Am besten schmeckt es, wenn Kohl oder Rosenkohl oder beides die Hauptzutat bilden. Der Starkoch Gary Rhodes, der sich zu einem Meister der traditionellen britischen Küche entwickelt hat, empfiehlt die folgende Zubereitung:

Bubble and Squeak

Für 6-8 Personen:
2 große Zwiebeln, in Scheiben geschnitten
50 g ungesalzene Butter
750 g übrig gebliebenes Kartoffelpüree oder
900 g frisch gekochte Kartoffeln
450 g gekochter Rosen- oder Weißkohl
50 g Pflanzenöl oder Bratfett
Salz, frisch gemahlener weißer Pfeffer

Die Zwiebelscheiben in der Hälfte der Butter weich dünsten. Das Kartoffelpüree oder die gekochten Kartoffeln sowie das Gemüse dazugeben, salzen und pfeffern. Eine Pfanne erhitzen, die restliche Butter und das Öl oder Bratfett hineingeben. Die Kartoffel-Gemüse-Masse darin 6 bis 8 Minuten lang anbraten und dabei mit einem Spachtel zu einer Art Pfannkuchen flach drücken. Rhodes betont, dass die Flamme nicht zu klein sein darf, damit an der Unterseite eine schöne Kruste entsteht. Zum Wenden bedecken Sie die Pfanne mit einem Teller, stürzen den Kuchen darauf und lassen ihn umgekehrt wieder in die Pfanne gleiten, um ihn auch von der anderen Seite zu braten. Wenn Sie möchten, können Sie Bubble and Squeak vor dem Servieren wie eine Torte in Stücke schneiden.

Das Chicken Stew meiner Mutter

Ich nenne dieses Gericht Hühnereintopf, obwohl meine Mutter dazu fast alles verwendet, was sie gerade zur Hand hat: die Innereien des Truthahns zu Weihnachten, Markknochen, die Knochen eines bereits gekochten Huhns oder ein preiswertes Stück Rindfleisch. Das wird zusammen mit vielen, geschmacksintensiven Gemüsen langsam ausgekocht.

Heute wird mir klar, dass sie damit, vermutlich unbewusst, der jahrhundertealten Tradition folgte, Fleischreste, Knochen und Gemüse in einen Topf auf dem Feuer zu werfen, in dem dann alles zusammen stundenlang vor sich hin köchelte. Dieses Gericht gibt es in vielen Ländern unter verschiedenen Namen, obwohl ich mich nicht erinnern kann, dass es bei uns zu Hause überhaupt irgendwie hieß. Es war einfach da, immer wieder, um uns an einem kalten Wintertag aufzuwärmen, um Erkältungen oder gebrochene Herzen zu kurieren.

1 Suppenhuhn oder 2 Truthahnschenkel
2-3 Karotten
1-2 große Zwiebeln
3-4 Stangen Staudensellerie
1-2 dicke Stangen Lauch
1 Bund Suppengrün
Petersilie
2-3 Handvoll Gerstengraupen
Salz, Pfeffer

Das Fleisch von Haut und allem sichtbaren Fett befreien. Zusammen mit dem klein geschnittenen Gemüse, dem Suppengrün, der Petersilie, der Gerste, Salz und Pfeffer in einen großen Topf geben und mit Wasser bedecken. Auf ganz kleiner Flamme $1\frac{1}{2}$–2 Stunden köcheln, bis sich das Fleisch leicht von den Knochen lösen lässt. Kalt stellen (am besten über Nacht) und entfetten. Vor dem Servieren das Fleisch von den Knochen lösen, klein schneiden und zurück in den Eintopf geben, der übrigens kochend heiß serviert werden sollte. Auch die Brühe dieses Eintopfs allein schmeckt sehr gut, besonders wenn Sie eine Prise Fenchelsamen mitkochen. (Das ist allerdings die Erfindung einer italienischen Freundin, meine Mutter kochte den Eintopf ohne Fenchel.)

Lancashire Hotpot
(Lammeintopf)

Dieser Eintopf ist ein weiteres Gericht, das für mich Zuhause bedeutet. Einfach, billig und sehr wohlschmeckend erfreute es sich unter den einfachen Leuten in Lancashire, wo meine Familie herkommt, schon immer großer Beliebtheit. Man sagt, es heiße Hotpot, weil es – einmal gekocht – in Decken gewickelt warm gehalten wurde, während die Familie zum Pferderennen ging. So stand eine warme Mahlzeit bereit, wenn sie zurückkam.

400 g Zwiebeln
Bratenfett oder ersatzweise Schmalz
1 kg Lammhals, in Stücke geschnitten
etwas Mehl zum Bestäuben
4-5 Lammnieren
1 TL Worcestershire-Sauce
1 Lorbeerblatt
2-3 frische Thymianzweige
Salz, Pfeffer
1 kg Kartoffeln

Die Zwiebeln fein hacken und in Bratenfett oder Schmalz glasig dünsten. Bestäuben Sie die Fleischstücke mit etwas Mehl und braten Sie sie zusammen mit den Nieren und den Zwiebeln kräftig an. Die Worcestershire-Sauce hinzufügen. Fleisch und Zwiebeln in eine tiefe feuerfeste Form füllen. Nun geben Sie das Lorbeerblatt und den Thymian dazu und bestreuen alles mit Salz und Pfeffer. Die Kartoffeln in dünne Scheiben schneiden und dachziegelartig in die Form schichten. Nochmals salzen und pfeffern. Das Ganze zugedeckt in den kalten Ofen stellen. Die Temperatur auf 140 °C (Gas Stufe 1) einstellen und 2½ bis 3 Stunden garen. In der letzten halben Stunde sollten Sie den

Deckel entfernen, damit die Kartoffelscheiben schön braun werden.

In meinen Augen ist geräucherter Fisch eine der besten britischen Spezialitäten. Räucherlachs ist natürlich weltberühmt, aber seine bescheideneren Verwandten, Kippers (geräucherte Heringe) und geräucherter Schellfisch, schmecken ebenfalls köstlich. Sie alle werden mehr oder weniger auf die gleiche Weise zubereitet: Man schneidet den Fisch auf, salzt ihn und räuchert Heringe über Torf, Schellfisch über Eichenspänen. Die Methoden und die Farbe der fertigen Fische variieren nach lokaler Tradition ein wenig. Manche Räuchereien benutzen Farbstoffe, deshalb sollte man auf ungefärbte Produkte achten.

Kippers
(Geräucherter Hering)

Kippers kann man auf drei einfache Arten servieren. Am verbreitetsten ist es, sie einfach für ein paar Minuten unter den Grill zu legen, bis sie heiß sind – das genügt schon. Man kann sie auch braten. Das funktioniert am besten, wenn Sie immer zwei Hälften zusammen nehmen, mit der Haut nach außen und mit einem Stückchen Butter in der Mitte. Braten Sie die Fische nur auf der Hautseite, damit die Innenseite weich und saftig bleibt. Für die dritte Variante geben Sie die Fische in eine große Schüssel oder einen Krug und gießen kochendes Wasser darüber. Fünf Minuten stehen lassen, danach sofort servieren.

Smoked Haddock
(Geräucherter Schellfisch)

Während Kippers einen starken, unverwechselbaren Geschmack haben, ist geräucherter Schellfisch sehr viel feiner und delikater im Aroma. Wie bei Heringen sollten Sie auch hier auf ungefärbte Qualitätsware achten. Die natürliche Farbe variiert zwischen blassgelb und goldbraun. Am besten schmeckt Finnan Haddock. Der Name ist eine Verballhornung von Findon, einem Ort in der Nähe von Aberdeen, wo es die berühmtesten Räucherer gibt.

Zum Heißmachen können Sie den Schellfisch wie Kippers grillen oder in Salzwasser pochieren und mit Flöckchen von gesalzener Butter garniert servieren.

Eines meiner liebsten schnellen Mittagsgerichte ist gegrillter Schellfisch mit ein paar pochierten Eiern und Brot. Am allerbesten schmeckt mir geräucherter Schellfisch aber in Kedgeree (siehe »Das Vermächtnis Indiens«, S. 131 bzw. 137).

Fish and Chips
(Fisch mit Pommes Frites)

Da dieses Gericht ziemlich einfach zuzubereiten ist, kochen es viele Leute lieber zu Hause und verwenden, wie meine Mutter, feinere Fischsorten als die der Fish-and-chips-Buden. Eine der beliebtesten Fischsorten in England ist Scholle (engl. plaice). Wie die ewige englische Leibspeise, Pommes frites, werden sie normalerweise in einem leichten Pflanzenöl frittiert – in einer speziellen Pommes-Frites-Pfanne, in die ein herausnehmbarer Drahtkorb integriert ist, so dass die Pommes leicht aus dem heißen Öl gehoben werden können. (Das ist nicht dringend nötig, wichtig ist, dass sie frittiert werden.) Wenn man den Drahtkorb, in dem sich die Kartoffelstäbchen befinden, von Zeit zu Zeit heraushebt, werden die Pommes frites knuspriger. Und ich finde, sie schmecken besser, wenn man sie erst nach dem Frittieren salzt und nicht davor, aber das ist eine rein persönliche Geschmacksfrage.

Da unsere Starköche derzeit darauf aus sind, selbst das bescheidenste englische Gericht auf das Niveau von *haute cuisine* zu heben, hier für die Perfektionisten unter uns ein Rezept von Heston Blumenthal für eine sehr spezielle fish-and-chips-Variante.

Fisch im Bier- und Wodka-Backteig (Für 4 Personen)

Heston entwickelte dieses Rezept für seine passend betitelte Fernsehsendung ›In Search of Perfection‹. Er meint, die Herstellung des Backteigs sei leicht, aber der Teig müsse dann eine halbe Stunde im Kühlschrank ruhen. Anschließend muss man rasch arbeiten, damit die Luftblasen im Teig bleiben. Für dieses Rezept benötigt man ein Sodasiphon und drei CO_2-Kapseln. (Moderne Sodasiphons gibt es in Kaufhäusern oder im Internetversandhandel, die Kapseln ebenso. Wenn Sie ein altes Sodasiphon haben, müssen Sie sich vergewissern, dass die neuen Kapseln auch zu Ihrem Siphon passen. Heston schlägt keine alternative Zubereitungsvariante vor, ich bin mir nicht sicher, ob eine starke Sprühflasche als Ersatz funktioniert.)

200 g Mehl
200 g weißes Reismehl, ein bisschen mehr zum Bestäuben
1 TL Backpulver
1 EL Honig
300 ml Wodka
300 ml Bier (Helles)
2-3 Liter Erdnussöl zum Frittieren
4 große Steinbutt-Filets, 2-3 cm dick (am besten besorgen Sie einen ganzen Steinbutt – 2,5 kg – und file-

tieren ihn selbst oder lassen das den Fischhändler machen)
Salz und frisch gemahlener schwarzer Pfeffer
dicke Zitronenscheiben zum Garnieren

Mehl, Reismehl und Backpulver in einer Schüssel mischen. Honig und Wodka in einem Gefäß verrühren und anschließend in die Schüssel geben. Danach auch das Bier einrühren. Es macht nichts, wenn die Konsistenz etwas klumpig ist. Das Wichtigste ist, das Bier erst kurz vor dem Untermischen zu öffnen, damit so viele Luftblasen wie möglich erhalten bleiben.
Geben Sie den Backteig in eine Kanne und gießen Sie den Teig damit in ein Espuma-Siphon. Drei CO_2-Kapseln einsetzen und für mindestens 30 Minuten in den Kühlschrank stellen.
Genügend Erdnussöl in eine große Pfanne oder Kasserole geben, so dass der Fisch bedeckt ist. Auf 220 °C er-

hitzen – die Temperatur mit einem digitalen Thermometer prüfen. (Heston ist der Meinung, es sei besser, kein Frittiergerät zu benutzen, da in diesen die Temperatur zu stark schwanke und nur schwer 220 °C erreiche.)

Die Steinbuttfilets abspülen und mit Küchenpapier trocken tupfen. Gut würzen, dann mit dem Reismehl bestäuben. Das gewährleistet, dass der Backteig an den Filets haften bleibt. Überschüssiges Mehl abschütteln. Den Siphon stark schütteln, dann den Teig in eine mittelgroße Schüssel sprühen, ausreichend, um ein Filet zu bedecken. (Nicht zu viel herausdrücken, der Teig verliert die Luftblasen, sobald er nicht mehr im Siphon ist.) Das Filet in den schaumigen Teig tauchen. Wenn es komplett bedeckt ist, gibt man das Filet ins heiße Öl. Geben Sie ein wenig zusätzlichen Teig über den Fisch, während er frittiert wird. Das gibt ihm eine besonders knusprige Hülle. Wenn diese hell-goldbraun ist, drehen Sie das Filet und geben noch einmal ein wenig Backteig auf die andere Seite.

Lassen Sie den Fisch ca. eine Minute weiter frittieren, bis er ein dunkleres Goldbraun erreicht, dann heben Sie ihn aus dem Öl. Verwenden Sie ein digitales Thermometer, um zu prüfen, ob der Fisch gegart ist: im dicksten Teil des Fisches einstechen – wenn es 40 °C anzeigt, kann man das Filet beiseitelegen, so dass die Restwärme es auf 45 °C weitergart.

Mit Zitrone servieren.

Und wenn Sie dies erfolgreich gemeistert haben, versuchen Sie Hestons berühmtes Triple-cooked/Dreifach-frittierte-Pommes-Rezept. Er entwickelte es nach endlosen Experimenten daheim, lange bevor er das ›Fat Duck‹ in Bray eröffnete und berühmt wurde. Er ist immer noch sehr stolz darauf und es wurde von vielen Köchen im ganzen Land kopiert.

Heston Blumenthals Triple-Cooked Pommes
(Für 6 Personen)

»Das erste Geheimnis«, schreibt Heston in seinem Buch
›How to Cook like Heston‹, »ist, die Pommes zu frittieren, bis sie beinahe auseinanderfallen, denn es sind die Ris-
se, die sie so knusprig machen.« Das zweite Geheimnis ist,
die Pommes trocknen zu lassen und sie dann für eine Stunde
in den Tiefkühlschrank zu stellen, damit sie so viel Feuchtigkeit wie möglich verlieren. Das letzte Geheimnis ist, die
Pommes in sehr heißem Öl zuzubereiten, so bekommen sie
eine knusprige, glasartige Kruste.

1 kg Kartoffeln, geschält und in Stäbchenform geschnitten, ungefähr 2+2+6 cm groß. Heston empfiehlt
die Kartoffelsorte Maris Piper, eine weitverbreitete,
weißfleischige, mehlige englische Sorte, aber jede Kartoffelsorte, die sich für das Braten und Frittieren eignet, kann verwendet werden.
Erdnuss- oder Traubenkernöl
Salz

Waschen Sie die geschnittenen Kartoffeln in einem Sieb
oder einer Schüssel 5 Minuten lang unter fließendem
Wasser ab, um die Stärke abzuwaschen.
Füllen Sie 2 Liter kaltes Wasser in einen großen Koch-
topf und geben Sie die Kartoffeln dazu. Bei mittlerer
Hitze köcheln lassen, bis die Kartoffelstäbchen beinahe
auseinanderfallen (ungefähr 20–30 Minuten, kommt
auf die Kartoffelsorte an.)
Lassen Sie die Kartoffelstäbchen nach dem Abschütten
auf einem Blech oder in einer großen Schale abkühlen. Dann stellen Sie sie für eine Stunde in den Tiefkühlschrank, um noch mehr Feuchtigkeit entweichen
zu lassen.
Heizen Sie ein Frittiergerät oder eine tiefe Pfanne,

nur zur Hälfte gefüllt mit Öl (bis zu einer Höhe von ca. 10 cm), auf 130 °C. Frittieren Sie die Pommes in kleinen Portionen, bis sich eine leichte Kruste formt (ungefähr 5 Minuten), dann aus dem Öl nehmen und auf Küchenpapier abtropfen lassen. Anschließend legen Sie sie erneut in einer Schale oder auf einem Blech in den Tiefkühlschrank. (Heston meint, wenn man die Pommes nicht sofort fertig frittieren und servieren will, kann man sie so drei Tage im Tiefkühlschrank lassen.) Erhitzen Sie das Öl im Frittiergerät oder in der tiefen Pfanne auf 180 °C und frittieren Sie die Pommes, bis sie golden sind (ungefähr 7 Minuten). Abtropfen lassen und mit Salz bestreuen.

Rice Pudding
(Milchreis)

Mein Großvater wurde hundert Jahre alt und freute sich an diesem denkwürdigen Geburtstag aus ganzem Herzen darüber – wie alle Hundertjährigen in Großbritannien –, ein Telegramm von der Queen und Besuch vom Bürgermeister seines Heimatorts zu bekommen. Er genoss außerdem die riesige Familienfeier mit den meisten seiner Kinder, Enkel und Urenkel. Wie es ihm jedoch gelang, so alt zu werden, ist uns bis heute schleierhaft, da er sein Leben lang ein ziemlich starker Raucher war, seinen Sherry liebte, alles Obst und Gemüse verabscheute und, so lange wir uns erinnern konnten, nie Sport getrieben hat. Könnte es am Milchreis gelegen haben? Dieses Gericht – von seiner Generation geliebt, von meiner gehasst – aß er tagein, tagaus das Vierteljahrhundert hindurch, in dem er als Witwer für sich selbst kochte, und vermutlich auch an den meisten Tagen davor.

Der Milchreis, den mein Großvater liebte, war ein sehr einfaches Gericht; es passte zu den Zeiten, in denen er lebte. Heutzutage zaubern Küchenchefs Luxusvariationen davon, die einem verwöhnten modernen Gaumen viel mehr zusagen. Beim Garen im Herd bildet sich oben eine braune Haut, die besonders gut schmeckt.

Granpop's Rice Pudding
(ohne Gewähr!)

1,5 oz (45 g) Rundkornreis
2 oz (60 g) Zucker
1 pint (½ l) Milch
geriebene Muskatnuss

Heizen Sie Ihren Backofen auf 150 °C (Gas Stufe 2) vor. Waschen Sie den Reis und fetten Sie eine feuerfeste Form ein. Reis, Zucker, Milch und etwas geriebene Muskatnuss in die Form geben, bedecken und – wenn Sie unbehandelten Reis verwenden – 1 Stunde oder sogar mehr im Ofen kochen lassen, bis der Reis weich ist. Bei Parboiled-Reis ist die Kochzeit bedeutend kürzer, diese sollte man auf den Packungen nachlesen.

Luxuriöser Milchreis

4 EL Rundkornreis
2 EL Zucker
700 ml Milch
140 ml Crème double
1 aufgeschnittene Vanilleschote
1 TL Butter

Waschen Sie den Reis und geben Sie ihn mit dem Zucker, der Milch, der Crème double und der Vanilleschote in eine ausgebutterte feuerfeste Form. Die Butter in Flöckchen darauf verteilen und ganz langsam im Ofen garen. Bei 140 °C (Gas Stufe 1) wären das 3 Stunden – oder weniger, abhängig davon, welcher Reis verwendet wird (siehe oben). Es darf aber ruhig eine niedrigere Temperatur und eine entsprechend längere Garzeit sein.

Bread and Butter Pudding
(Brotauflauf)

Dieser Klassiker stammt aus dem Repertoire der sparsamen Hausfrau, denn wie der Name schon sagt, ist es eine gute Möglichkeit, Brotreste zu verwerten. In der Vergangenheit wurde daraus – etwa in berüchtigten Internatsküchen – ein geschmackloser Brei, was lange Zeit für einen schlechten Ruf dieses Gerichts gesorgt hat. Doch im Zuge der Wiederentdeckung der englischen Küche haben fantasievolle Köche neue Varianten entwickelt, die zwar nicht mehr sparsam sind, dafür aber umso besser schmecken.

Hier ein Rezept von Gary Rhodes für 6 bis 8 Personen:

Butter zum Einfetten
12 Scheiben Weißbrot
50 g weiche, ungesalzene Butter
8 Eigelb
175 g Zucker
1 Vanilleschote oder ein paar Tropfen Vanilleessenz
300 ml Milch
300 ml Crème double
25 g Sultaninen
25 g Rosinen
etwas Zucker zum Bestreuen

Fetten Sie eine 1¾ Liter fassende feuerfeste Form mit Butter ein. Die Brotscheiben entrinden und mit Butter bestreichen. Die Eidotter mit dem Zucker in einer

Schüssel cremig aufschlagen. Geben Sie die aufgeschnittene Vanilleschote mit der Milch und der Crème double in einen Topf. Die Mischung zum Kochen bringen. Danach durch ein Sieb gießen und unter die Eidotter mischen.

Die Brotscheiben in die Form schichten, dabei die Rosinen und Sultaninen gleichmäßig dazwischen verteilen. Mit einer Schicht Brot abschließen, da die Weinbeeren an der Oberfläche verbrennen würden.

Die warme Eigelbmischung gleichmäßig darüber verteilen und entweder sofort backen oder – wie Gary empfiehlt – erst 20 Minuten ins Brot einziehen lassen. Dadurch bekommen die Brotscheiben eine andere Konsistenz und das Vanillearoma verteilt sich besser. Den Backofen auf 180 °C (Gas Stufe 4) vorheizen. Sobald das Brot richtig durchgezogen ist, die Form in eine zu drei Viertel mit warmem Wasser gefüllte Fettpfanne in den Ofen stellen. 20 bis 30 Minuten backen, bis der Auflauf zu stocken beginnt. Die Creme sollte dick, aber noch flüssig und auf keinen Fall fest sein.

Den fertigen Auflauf aus dem Wasserbad nehmen, mit etwas Zucker bestreuen und bei mittlerer Hitze unter den Grill stellen. Dabei soll der Zucker schmelzen und karamellisieren. Wenn die Ecken der obersten Brotscheiben ein wenig dunkel werden, so macht das nichts; das Ganze bekommt dadurch einen leicht bitter-süßen Geschmack, außerdem sieht es gut aus. Den Auflauf dann sofort servieren.

Baked Apples
(Bratäpfel)

Diese Bratäpfel sind ein schnelles, einfaches Dessert.

1 großer Apfel pro Person
Marmelade, Jam, Honig, Mincemeat (Pastetenfüllung)
oder Rosinen und Sultaninen als Füllung
etwas Butter
brauner Rohrzucker zum Bestreuen
Schlagsahne

Eine feuerfeste Form mit Butter ausstreichen. Die Äpfel waschen und die Kerngehäuse ausstechen. Die Unterseite mit einem Stückchen des ausgestochenen Gehäuses verschließen, damit die Füllung nicht herausrinnt. Ritzen Sie die Schale mit einem scharfen Messer rundherum ein.
Die Äpfel in die mit etwas Wasser gefüllte Form stellen. In die Öffnungen Marmelade, Jam oder eine andere der oben genannten Füllungen geben. Ein wenig davon auch in das Wasser rühren. Außerdem ein paar Butterflöckchen ins Wasser geben. Die Äpfel mit braunem Rohrzucker bestreuen. Die Form mit Alufolie abdecken und bei mittlerer Hitze auf die oberste Schiebeleiste in den Backofen stellen. Je nach Größe der Äpfel 30 bis 45 Minuten backen. Die Äpfel sollten weich und die Haut schrumplig sein, aber nicht abfallen. Mit Schlagsahne servieren.

Sponge Pudding

Mindestens einmal pro Woche plumpste in dem Internat, das ich besuchte, ein Gericht dieses Namens auf den Tisch. Wir nannten den Pudding »Stodge« (schwer verdauliches Zeug;

Anm. d. Übers.) wegen seiner bleiartigen Konsistenz. Nicht einmal der goldfarbene Sirup, den es dazu gab, konnte uns das Ganze schmackhafter machen. Es dauerte viele Jahre, bis ich mich dazu überreden ließ, dieses Gericht noch mal zu probieren, und zu meinem Erstaunen feststellte, dass es – mit Liebe und Sorgfalt zubereitet – ein leichter, wohlschmeckender Pudding für kalte Wintertage sein kann.

Butter zum Einfetten
2 EL Sirup (Melasse)
110 g Vollkornweizenmehl
110 g brauner Zucker
110 g weiche Margarine
2½ TL Backpulver
2 Eier
erwärmter Sirup als Sauce

Buttern Sie eine Puddingform mit 850 ml Fassungsvermögen aus. Die 2 EL Sirup auf dem Boden der Form verteilen. Alle übrigen Zutaten in eine Schüssel geben und gründlich verrühren. Diesen Teig auf den Sirup in die Puddingform geben und glatt streichen. Mit zwei Lagen gebutterter Alufolie bedecken, die in der Mitte gefaltet ist, damit sie sich ausdehnen kann. Alufolie am Rand der Puddingform andrücken und mit Küchengarn festbinden.
Die Form in ein Wasserbad stellen und den Pudding 90 Minuten lang kochen. Wenn nötig kochendes Wasser nachfüllen. Den fertigen Pudding auf eine Servierplatte stürzen und noch heiß mit warmem Sirup servieren.

Tea

Tee ist – wie jeder weiß – unverzichtbar für den Fortbestand der englischen Nation. Zu jeglicher Stunde belebt eine »cuppa« (verkürzt für »cup of tea«) den Engländer, beruhigt, tröstet, ermuntert ihn. Meist wird einem nicht eine Tasse Tee, sondern eine *schöne* (»a *nice* cup of tea«) Tasse Tee angeboten, und das in einem Tonfall, der impliziert, dass diese alle Probleme lösen und die Welt in Ordnung bringen wird. Tee ist eines der wichtigsten Schmiermittel des gesellschaftlichen Lebens und eine unverzichtbare Stütze bei der Arbeit. Nicht umsonst führte man in der Industrie lange und erbitterte Kämpfe über Anzahl und Länge der Teepausen für die Arbeiter.

Ein Kollege von mir hatte einmal einen Bagatellunfall an einer gefährlichen Kreuzung in Südlondon. Bevor er sich recht besann, näherte sich ihm eine freundliche Dame und fragte ihn und den anderen Autofahrer, ob sie eine Tasse Tee wollten. Während sie an dem belebenden Gebräu nippten, erzählte ihnen ihre Wohltäterin, die direkt an der Kreuzung wohnte, sie würde jedes Mal, wenn sie das Quietschen von Bremsen und Blech scheppern höre – etwa zwei- bis dreimal pro Woche –, sofort den Kessel aufsetzen. Wie sollte sich jemand ohne eine Tasse Tee von einem Unfall erholen?

Man ist weithin der Meinung, zumindest in Großbritannien, dass die Briten mehr Tee als jedes andere Volk der Welt trinken, und tatsächlich ist ihr Konsum von 2,1 bis 2,5 kg Teeblätter pro Kopf pro Jahr schwer zu schlagen. Manche Statistiken sehen die Iren auf Platz 1, andere behaupten, dass verschiedene Nahostvölker, quasi als Ersatz für Alkohol, noch mehr konsumieren. Man trinkt hierzulande annähernd dreieinhalb Tassen pro Tag, mehr oder weniger doppelt so viel wie Kaffee und zweieinhalbmal so viele Tassen Tee wie Gläser Alkohol. Seit die portugiesische Prinzessin Katharina de Braganza eine riesige Kiste voll davon als Teil ihrer Aussteuer anlässlich ihrer Hochzeit mit Karl II. 1662 ins Land brachte, hat das Zeug häufig im Mittelpunkt von Geschichte, Mode und Liebesgeschichten gestanden. Tee spielte eine wichtige Rolle im Unabhängigkeitskampf der amerikanischen Kolonien. Die Kolonisten weigerten sich, den hoch besteuerten aus Großbritannien importierten Tee zu kaufen und warfen ihn bei einer höchst anschaulichen Aktion, die unter dem Namen Boston Tea Party in die Geschichte eingegangen ist, kurzerhand ins Meer. Vor kurzer Zeit nahm der Begriff »Tea Party« eine neue Bedeutung an, als Sammelbegriff für die laut sich zu Wort meldende ultrakonservative Fraktion innerhalb der US-amerikanischen Republican Party, die seit 2009 die amerikanische Politik beeinflusst. Das Zusammenschmelzen der britischen Silberbestände durch den Kauf riesiger Mengen Tee in China brachte die Briten ab 1830 dazu, im Gegenzug Opium zunächst nach China zu verschiffen und dann ins Land zu schmuggeln. Damit begann eines der unrühmlichsten Kapitel der Kolonialgeschichte: die Opiumkriege. Die Ereignisse in China veranlassten die Briten, riesige Teeplantagen in Ceylon (heute Sri Lanka) und Indien anzulegen, das bald zum weltgrößten Erzeuger avancierte. Viel später wurde der Teeanbau auch in Ostafrika etabliert; Kenia ist heute der größte Lieferant der Briten. Die Nachfrage nach Tee schrieb auch Schifffahrtsgeschichte: Im 19. Jahrhundert kamen die schnellen, schnittigen, dreimastigen Tea Clippers auf, die aus Fernost über die Meere rasten, um als Erste mit der neuen Ernte in England einzutreffen. Diese Fahrten waren – typisch Engländer – natürlich Gegenstand von vielen fieberhaften Wetten.

Das neue Modegetränk brachte auch eine breite Palette von Zubehör hervor, Teekannen etwa, die zunächst aus Silber, dann aus Porzellan und schließlich aus Steingut hergestellt wurden. Josiah Wedgwood, der große Industrielle der Steinguterzeugung, machte Teeservice für praktisch jeden erschwinglich. Außer den Kannen gab es Tassen, Krüge, Zuckerschalen, Teelöffel und häufig wunderschöne Teewägen, von denen die ältesten noch mit Schlössern versehen waren, weil Tee anfangs extrem teuer war. Tee führte auch zu einer neuen Art des Weissagens: Damen, die es verstehen, die Anordnung der Teeblätter zu interpretieren, die nach dem Austrinken auf dem Boden Ihrer Tasse zurückbleiben, sagen Ihnen Liebe, Geldsegen, eine lange Reise oder was auch immer für die Zukunft voraus. Die widerstrebende und im Vergleich zu anderen Ländern späte Einführung des früher verpönten Teebeutels hat diesem Zeitvertreib einen schweren Schlag versetzt.

Die Bandbreite der englischen »cuppa« variiert von starken Aufgüssen, in denen der metaphorische Löffel stehen kann und die von Arbeitern während ihrer Teepausen bevorzugt werden, bis zu eleganten Variationen wie dem rauchigen chinesischen Lapsang Souchong oder grünem Gunpowder-Tee, die zweifellos nur den Geschmack einer Minderheit treffen. Dazwischen gibt es eine Vielzahl von beliebten Sorten wie Darjeeling, dem »Champagner unter den Tees«, der aus den Höhen (über 2000 m) des Himalaja kommt, reichen Assam-Tees von kräftiger Farbe, die genau richtig sind, um als Bestandteil einer English-Breakfast-Mischung die Lebensgeister zu wecken oder einen gegen das englische Winterwetter zu wappnen, oder die erfrischenden goldfarbenen Ceylon-Tees, die ebenfalls in großer Höhe wachsen. Die feinen, hellen, orangefarbenen ostafrikanischen Tees erfreuen sich so großer Beliebtheit, weil sie auch aus Teebeuteln schmecken.

Besonders gefragt ist Earl Grey, der mit dem Öl der Bergamotte, einer Art Bitterorange, aromatisiert wird. Man hört oft, dass dieses Geheimnis dem zweiten Earl Grey auf einer Mission in China von einem Mandarin anvertraut worden sei. Aber nachdem mit ziemlicher Sicherheit feststeht, dass der gute Earl niemals in China war, und nachdem die Bergamotte nicht in Fernost, sondern im italienischen Kalabrien wächst und außerdem zahlreiche Teefirmen behaupten, im Besitz des Originalrezepts zu sein, erscheint diese Geschichte zumindest ein wenig fragwürdig. Die wahrscheinlichste Erklärung der Bezeichnung ist, dass diese Mischung in den Dreißigerjahren des 19. Jahrhunderts, während der Regierung des äußerst populären, reformfreudigen Earls Grey, bekannt wurde.

Die alten Favoriten haben in den letzten Jahren anderen Teeformen Platz machen müssen, vor allem grünem Tee, Kräuter- und Früchtetee, und seit kürzerer Zeit »specialty teas«, weißem Tee, Rauchtee, Oolong und so weiter, bei denen das Land, die Region, die Frische und der Produktionsprozess so wichtig sind wie das Label bei einer guten Flasche Wein. Und während ungefähr 80 Prozent der üblichen Tees nun mit Teebeuteln gemacht werden, werden diese verfeinerten Sorten ausschließlich als lose Teeblätter verkauft – so wie es Teeconnaisseure als einzig richtig erachten.

Afternoon Tea
(Nachmittagstee)

In den Händen der Engländer entwickelte sich der Tee rasch vom Getränk zu einer ganzen Mahlzeit. Dafür sind wir Anne, der siebten Herzogin von Bedford, zu Dank verpflichtet, die eines Tages im Jahre 1840 genug von dem kleinen Hunger mitten am Nachmittag, in den langen Stunden zwischen Lunch und Dinner, hatte. Sie läutete und befahl, ihr ein Tablett mit Tee, Brot und Butter sowie Kuchen zu bringen. Dieser Imbiss wurde ihr zur lieben Gewohnheit, mit der sie auch ihre Freunde vertraut machte. In kürzester Zeit entwickelte sich der Afternoon Tea zu einem gesellschaftlichen Ereignis größter Wichtigkeit innerhalb der begüterten Klassen.

Bis der Nachmittagstee in den »Edwardian times« (1901–1910) seine größte Blüte erlebte, hatte sich ein regelrechtes

soziales Ritual um ihn herum entwickelt. Leichte, spitzenbesetzte Teeroben aus durchscheinenden Stoffen wurden speziell für diesen Anlass entworfen; die Konversation war entsprechend leicht und oberflächlich, das Benehmen exquisit. Szenen von Nachmittagstees wurden zu unverzichtbaren Bestandteilen der Literatur, angefangen bei Mad Hatters Tea Party in ›Alice im Wunderland‹ bis zu Mrs Higgins Tea Party in Bernhard Shaws ›Pygmalion‹ – bekannter in der Musical-Fassung unter dem Titel ›My Fair Lady‹ –, auf der Eliza Doolittle, das einfache Blumenmädchen, das zunächst als Dame der besseren Gesellschaft ausgegeben wird, eine Sensation auslöst, weil sie in perfektem Upperclass-Akzent Gossengeschwätz von sich gibt.

Einer der Vorzüge des Nachmittagstees ist seine Flexibilität. Im »Ritz« sitzt man aus Platzgründen auf eleganten, vergoldeten Louis-XVI-Stühlchen an winzigen Tischchen, während sonst – egal, ob in Hotels oder im privaten Rahmen – der Tee meist in Armsesseln und von einem Teewagen serviert wird. Im Winter kann man dabei am Kaminfeuer sitzen, im Sommer auf Deckchairs im Garten. Das Ganze ist immer informell – Kellner oder Dienstpersonal (soweit noch vorhanden) bringen den Tee und die Speisen, aber die Dame des Hauses schenkt ein. Wenn keine als solche identifizierbare Gastgeberin zugegen ist, zum Beispiel in einem Café oder bei einer Wohltätigkeitsveranstaltung, und der Tee eingeschenkt werden muss, wird unweigerlich die eine oder andere Dame vorschlagen: »Soll ich die Mutter sein?« (Das ist, wie irgendein Spaßvogel mal vermutete, kein uralter englischer Fruchtbarkeitsritus.) Ausländische Besucher im Buckingham Palace sind oft darüber erstaunt, dass die Königin über die Teekanne regiert. Bundeskanzler Kohl, der es ja gerne gemütlich mag, war richtig gerührt, dass Premierministerin Thatcher ihm während seines Besuchs in Großbritannien Tee eingoss, auch wenn sie ihn ansonsten in politischen Dingen scharf angriff. Tatsächlich hielten sich die beiden einfach nur an eine langjährige Tradition.

Judy Wade, eine Kollegin von mir, die für eine britische Zeitschrift über die königliche Familie schreibt, gab die Szene zur Teatime im Buckingham Palace folgendermaßen wieder:

»Die Königin sitzt da mit einem silbernen Kessel vor sich, der auf einem Stövchen mit einem Paraffinbrenner darunter steht. Dieser Kessel, der seit den Zeiten von Queen Victoria benutzt wird, neigt sich, um Wasser in eine Teekanne auf einem Silbertablett zu gießen. Außer einem silbernen Milchkännchen und einer Zuckerdose gibt es da noch ein sehr langes, dünnes Ding, das wie eine winzige Trompete aussieht. Die Queen benutzt es, um die Flamme unter dem Kessel auszublasen.

Sie hat zwei Teewagen, einen mit ihrer eigenen königlichen Mischung aus chinesischen und indischen Tees von Twinings und einen mit rein indischem Tee. Es steht zu bezweifeln, dass sie jemals einen Teebeutel gesehen hat. Sie löffelt den Tee immer mit einem Silberlöffel in die Kanne und gießt dann kochendes Wasser aus ihrem Kessel auf. Bei einer großen Zahl von Gästen ist der Kessel schnell leer. Wenn das passiert, kommt ein Page mit einem elektrischen Kessel voll heißem Wasser, das er in den Kessel der Königin gießt, so dass sie die nächste Kanne Tee zubereiten kann. Zum Tee serviert die Queen winzige Scones, die zum Warmhalten in Leinenservietten gewickelt sind, sowie köstliche Kuchen und Kekse vom königlichen Konditor, die von Dienern und ihrer Hofdame herumgereicht werden. Von den Sandwiches sind die Rinden abgeschnitten und die Füllung besteht unter anderem aus gehacktem Ei, Käsewürfeln und Tomaten. Prinz Philip schätzt einen Snack aus eingelegten Shrimps zur Teatime, während die Königin, die auf ihr Gewicht achtet, selten irgendeine der Köstlichkeiten, die serviert werden, anrührt.« Nachdem die Queen Verschwendung hasst, fügt Judy Wade hinzu, kann es vorkommen, dass vom Vortag übrig gebliebene Kuchen am nächsten Tag ohne die eingetrockneten Ränder noch mal aufgetragen werden.

Leider ist für den Durchschnittsengländer heutzutage

der Nachmittagstee eher ein unbeschreibliches Gebräu, das aus einer Maschine am Ende des Büroflurs kommt. Wie das English Breakfast hat auch der Nachmittagstee seinen angestammten Platz im täglichen Leben verloren und besteht eigentlich nur noch als amüsante Erinnerung an die Vergangenheit fort.

»Der Afternoon Tea ist ein Dinosaurier«, sagte mir John Morgan, der bis zu seinem tragischen Tod im Jahr 2000 Kolumnist für Bräuche und Sitten bei der ›Times‹ war. Er existiert jedoch weiter für jene treuen Anhänger, die Zeit dafür haben. Der ultimative Tempel des Nachmittagstees ist der Palm Court (Palmenhof) des »Ritz« in London.

In der Mitte dieses wunderschönen ovalen Saals im Stil der Belle Époque steht ein kunstvoller Brunnen mit einer lebensgroßen goldenen Nymphe und Tritonen, die in Muschelhörner blasen. Die elegante Glasdecke und die Lüster sorgen für ein apricotfarbenes Licht, das der Hotelgründer César Ritz nach langem Experimentieren als am schmeichelndsten für den weiblichen Teint herausfand. Hier, umgeben von vergoldetem Gitterwerk und blinkenden Spiegeln in Goldrahmen, kann man sich leicht in das gesellschaftliche Treiben zur Glanzzeit des »Ritz« im Edwardianischen Zeitalter zurückversetzen, als das Hotel einer der Orte war, den junge Damen aus gutem Hause ohne Anstandsdame aufsuchen durften. Hier lernte auch ich eines Tages beim Vier-Uhr-Tee vom Hohepriester selbst, von Michael Bentley, dem kosmopolitischen Botschafter des Hotels und der weltweit unangefochtenen Autorität auf diesem Gebiet, wie der perfekte Nachmittagstee serviert wird.

Tee, so erklärte er mir, beginne immer mit Sandwiches. Es ist nicht erlaubt, sich an Scones oder Keksen gütlich zu tun, bevor man nicht den ersten Hunger mit diesen gestillt hat. Ganz nebenbei verdanken wir die Sandwiches einem weiteren Aristokraten. Der vierte Earl of Sandwich, ein Staatsmann des 18. Jahrhunderts mit einem ausschweifenden Privatleben, war ein so leidenschaftlicher Spieler, dass er wie angewachsen Tag und Nacht am Spieltisch saß, zu sehr beansprucht, als dass er sich um Nebensächlichkeiten wie Essen hätte kümmern können. Es heißt, eines Abends sei sein Hunger so unerträglich geworden, dass er seinen Diener rufen ließ und ihn etwas besorgen schickte. Der Diener kehrte mit Rindfleischscheiben zwischen zwei Brotschnitten zurück, die der Earl weiterspielend fröhlich verspeiste. Er gewann in jener Nacht 10000 Pfund (was nach heutigem Kurs vielleicht 20000 Euro entspricht, damals aber natürlich deutlich mehr wert war). Sofort begann das Sandwich seinen unaufhaltsamen Aufstieg zur wahrscheinlich vielseitigsten, abwechslungsreichsten und am besten zu transportierenden Form der Nahrung, die jemals erfunden wurde. (Es ist allerdings nicht von der Hand zu weisen, dass – nachdem schon länger Rindfleisch gebraten und Brot gebacken wurde – auch andere Leute bereits auf den Gedanken gekommen waren, die beiden zusammenzubringen. Aber da Snobismus ein starker Trendsetter ist, blieb dem vierten Earl der Ruhm, diesen Trend erfunden zu haben.)

Die Sandwiches im »Ritz« sind winzig, nur 2 mal 2 Zentimeter groß – Mr Bentley ließ mich nachmessen. Denn das ist genau die richtige Größe für zwei elegante Bissen. Es gibt dunkles Brot, Weißbrot und mit Tomaten aromatisiertes zur Auswahl. Die Ränder sind selbstverständlich abgeschnitten, und zwischen den zwei köstlichen Brotscheiben stößt man auf eine Vielfalt ebenso köstlicher Füllungen. Nur eine Zutat ist zwingend. »Es muss immer Gurke dabei sein«, betont Mr Bentley. Sie schmeckt gut, ist knackig und hält das Brot feucht. Weitere Zutaten sind Räucherlachs, Lachs-Mousse, Eier und Kresse, Frischkäse mit gehacktem Schnittlauch oder Schinken. Anbei finden Sie ein paar Vorschläge für Sandwiches aus dem »Ritz«, dem ich viele Rezepte in diesem Kapitel verdanke. Wenn Sie dunkles Brot verwenden, achten Sie auf eine feine Krume und einen nicht zu dominanten Geschmack.

Cucumber Sandwiches
(Gurken-Sandwiches)

Schälen Sie eine Gurke und schneiden Sie sie mit einem Hobel oder einem Kartoffelschäler in ganz feine, durchsichtige Scheiben. Darauf geben Sie ein paar Tropfen Essig und etwas Salz. Nach einer halben Stunde können Sie den ausgetretenen Gurkensaft entfernen, indem Sie die Scheiben in ein Sieb geben und leicht schütteln.

Bedecken Sie dann eine hauchdünne Scheibe leicht gebutterten dunklen Brots mit zwei Lagen Gurkenscheiben; darauf setzen Sie eine zweite Brotscheibe. Vorsichtig mit der flachen Hand zusammendrücken. Schneiden Sie noch die Krusten ab und zerteilen Sie die Scheibe in kleine Rechtecke. Diese legen Sie auf eine Servierplatte aus Porzellan, die Sie mit einer leicht angefeuchteten Stoffserviette bedecken, bis der Tee so weit ist.

The Ritz's Special Egg Sandwiches
(Ritz-Spezial-Eier-Sandwiches)

Für die Mayonnaise:
2 Eigelb
2 TL englisches Senfpulver (z. B. Colman's)
1 EL Worcestershire-Sauce
½ TL Salz
¼ TL gemahlener weißer Pfeffer
200 ml Olivenöl
1 EL Zitronensaft

Für die Eiermischung:
5 hart gekochte Eier
1 Spritzer Tabasco (falls gewünscht)
Kresse

Für die Mayonnaise verrühren Sie alle Zutaten bis auf das Öl und den Zitronensaft gründlich in einer Schüssel. Während Sie alles mit einem Schneebesen weiter aufschlagen, geben Sie tropfenweise das Olivenöl dazu. Dabei sollte die Mayonnaise langsam eindicken. Der Zitronensaft sorgt am Schluss für die richtige Konsistenz und einen würzigeren Geschmack. Die geschälten gekochten Eier grob hacken und unter die Mayonnaise mischen. Nach Geschmack nachwürzen. Streichen Sie die Füllung auf gebutterte dünne Weißbrotscheiben. Mit einer Schicht Kresse bestreuen und mit einer weiteren Scheibe Brot, die Sie ebenfalls mit Butter bestrichen haben, festdrücken. Die Rinde entfernen und das Brot in hübsche kleine Quadrate schneiden.

The Ritz's Special Smoked Salmon Sandwiches (Ritz-Spezial-Räucherlachs-Sandwiches)

100 g Räucherlachs (gut zur Resteverwertung!)
150 ml Sahne
25 ml Whisky
½ TL gemahlener weißer Pfeffer
½ TL geriebene Muskatnuss
150 ml Crème double
gebuttertes dunkles Brot
50 g Räucherlachs in hauchdünnen Scheiben
Zitronenachtel

Drehen Sie die 100 g Lachs durch den Fleischwolf oder hacken Sie sie sehr fein. Mit der Sahne verrühren und die Mischung mit einem Holzlöffel durch ein Sieb streichen. Nun geben Sie Whisky, Pfeffer und Muskatnuss dazu und stellen das Ganze kühl.
Die Crème double steif schlagen und nach und nach unter die gekühlte Lachsmasse ziehen. Gebutterte Brot-

scheiben mit der Mousse bestreichen und mit den Lachsscheiben belegen. Mit etwas frisch gemahlenem weißen Pfeffer bestreuen und gebutterte Brotscheiben vorsichtig andrücken. Die Brotrinde entfernen. Die Sandwiches bis zum Servieren mit einer in kaltes Wasser getauchten und ausgewrungenen Stoffserviette zudecken. Mit Zitronenachteln anrichten.

Nach den Sandwiches kommen die Scones. Diese stammen ursprünglich aus Schottland und sind eigentlich ein simples, ja geradezu asketisches Gebäck. Aber sie eignen sich perfekt für ihre Aufgabe, die darin besteht, köstliche Sahne und Marmelade zum Mund zu befördern. Auf eine Lage Marmelade kommt frische Sahne; man kann Crème double nehmen, clotted cream (die sich gut durch Crème fraîche oder frischen Mascarpone ersetzen lässt) oder Schlagsahne. Scones schmecken auch mit Butter und Marmelade, besonders mit Lemon Curd.

Die wichtigste Regel für Scones lautet, dass sie absolut frisch sein müssen, d.h., man bäckt sie so kurz wie möglich vor dem Verzehr, da sie sehr rasch altbacken werden. Das ideale Scone, so Mr Bentley, lässt sich auf leichten Druck hin brechen, so dass Ober- und Unterseite fertig für das Auftragen von Marmelade und Sahne sind.

Scones

Für etwa 12 Stück:
225 g Mehl und etwas Mehl zum Bestäuben
1 TL Backpulver
½ TL Salz
40-50 g Butter
150 ml Milch (auch Sauer- oder Buttermilch)

Legen Sie ein Blech mit Backpapier aus. Das Mehl mit Backpulver und Salz in eine Schüssel sieben. Mit den Fingern die Butter unterkneten, bis sich größere Flöckchen bilden. Nach und nach die Milch zugeben, bis ein elastischer Teig entsteht (dazu können Sie auch die Knethaken eines Mixers verwenden). Den Teig gut 1 Zentimeter dick ausrollen und 5 bis 6 Zentimeter große Kreise ausstechen. Die Teigstücke auf dem Backblech verteilen und mit etwas Mehl bestäuben. Bei 220°C (Gas Stufe 7) 12 bis 15 Minuten backen. Die Scones gehen dabei auf und werden goldgelb. Man kann sie ausgekühlt servieren, besser schmecken sie jedoch noch warm.

Lemon Curd

Mit seinem süßherben Geschmack, der weichen, dicken Konsistenz und der leuchtend gelben Farbe ist dieser Brotaufstrich eine köstliche Alternative zu Marmelade. Selbst gemacht schmeckt Lemon Curd natürlich am besten. Sie sollten es im Kühlschrank und nicht zu lange aufbewahren, weil es nicht so haltbar ist wie Marmelade.

Für etwa 225 g benötigen Sie:
Saft und abgeriebene Schale von 2 unbehandelten Zitronen
1 Ei
40 g Butter
50 g Zucker

Verrühren Sie Zitronenschale und -saft mit dem Ei in einer hitzebeständigen Schüssel. Butter und Zucker dazugeben und glatt rühren. Die Mischung danach in einem heißen Wasserbad schaumig aufschlagen, bis sie eindickt. In ein Marmeladenglas gießen und mit einem

Stück Zellophan, das Sie mit einem Gummiband oder Küchengarn befestigen, verschließen.

Kommen wir schließlich zu Kuchen und Keksen. Hier erwartet uns eine Auswahl von kleinem Feingebäck, Tartes und Kuchenstücken. Mr Bentley empfiehlt Leichteres für den Sommer und etwas schwerere Leckereien für den Winter. Diese Süßigkeiten isst man normalerweise mit den Fingern. Die Auswahl an englischen Kuchen und Keksen ist so groß und verlockend, dass man kaum weiß, wo man beginnen soll. Anbei ein paar der beliebtesten Sorten.

Florentiner

Dieses runde Konfekt besteht hauptsächlich aus Mandeln, kandierten Früchten und einem Boden aus Schokolade.

Für etwa 12 Stück:
90 g Butter
100 g Zucker
100 g grob gehackte Mandelblättchen
50 g Sultaninen
6 gehackte kandierte Kirschen
25 g Orangeat und Zitronat
15 ml Sahne
175 g Kuvertüre

Legen Sie 3 Backbleche mit Backpapier aus. In einer großen Pfanne die Butter schmelzen, den Zucker dazugeben und 1 Minute lang aufschäumen lassen. Dann nehmen Sie die Pfanne vom Herd. Rühren Sie die restlichen Zutaten bis auf die Schokolade unter. Wenn alle Ingredienzien gleichmäßig von dem heißen Sirup überzogen sind, wird die Masse in kleinen, runden Häufchen auf die Backbleche verteilt. Achten Sie darauf, genügend Zwischenraum zu lassen, da die Florentiner beim Backen auseinanderfließen. 10 Minuten bei 180 °C (Gas Stufe 4) hellbraun backen. Nun bringen Sie mit einem Spatel oder einem Messerrücken die Ränder der Florentiner so in Form, dass das Gebäck einigermaßen rund ist. Auf dem Backpapier etwa 5 Minuten lang auskühlen lassen, bis die Florentiner beginnen fest zu werden. Dann heben Sie sie vorsichtig auf ein Kuchengitter.

Die im Wasserbad geschmolzene Kuvertüre großzügig auf der flachen Seite der völlig ausgekühlten Florentiner auftragen und mit den Zinken einer Gabel mit einem wellenförmigen Muster versehen. Danach die Schokoladenglasur trocknen lassen.

Macaroons
(Makronen)

Diese flachen, runden Mandelkekse scheinen im 17. Jahrhundert über Neapel ihren Weg aus Griechenland nach England gefunden zu haben.

Für 20 Makronen benötigen Sie:
225 g Zucker
100 g gemahlene Mandeln
1 EL gemahlenen Reis oder Maisstärke
2-3 Tropfen Mandelessenz
1 TL Orangenblütenwasser
2 Eiweiß
20 geschälte Mandelhälften
20 Oblaten von ca. 5 cm Durchmesser

Vermengen Sie Zucker, Mandeln, Reis oder Stärke miteinander und geben Sie die Mandelessenz und das Orangenblütenwasser dazu. In einer Schüssel das Eiweiß mit einer Gabel aufschlagen und nach und nach die Mischung der anderen Zutaten einrieseln lassen. Die so entstandene relativ feste Masse gründlich durchrühren. Den Teig portionsweise auf die Oblaten streichen und diese auf zwei Backblecke verteilen. Die Teighäufchen mit der Hand etwas flach drücken, mit etwas Wasser bestreichen, damit sie schön glänzen, und jeweils eine Mandelhälfte hineindrücken. 20 bis 25 Minuten bei 180 °C (Gas Stufe 4) hellgelb backen. Auf einem Kuchengitter auskühlen lassen und anschließend die überstehenden Ränder der Oblaten abbrechen. Die Kekse sollen außen knusprig, innen aber noch weich sein.

Brandy Snaps

Diese würzigen, toffeeartigen Röllchen mit Sahnefüllung erfreuten sich einst auf mittelalterlichen Jahrmärkten größter Beliebtheit. Sie sind meine liebste Süßigkeit zur Tea Time und, wie ich finde, die originellste von allen.

Für 10 Stück:
50 g gesiebtes Mehl
50 g Butter
50 g brauner Rohrzucker
50 g Sirup
½ TL gemahlener Ingwer
½ TL Zitronensaft
Schlagsahne
kandierter Ingwer (falls gewünscht)

Heizen Sie Ihren Backofen auf 220 °C (Gas Stufe 7) vor. Legen Sie zwei Backbleche mit Backpapier aus. Butter, Zucker, Sirup und Ingwer in einen Topf mit dickem Boden geben und langsam erhitzen, bis die Butter geschmolzen ist und die Zutaten eine sirupartige Konsistenz aufweisen. Nun das Mehl und den Zitronensaft hinzufügen. Mit einem Teelöffel großzügig fünf Portionen Teig auf jedes Blech geben und dabei genügend Platz dazwischen lassen. Dann 15 Minuten backen, wobei der Teig zu Kreisen mit spitzenartigen Rändern auseinanderfließt. Bevor die Teigplatten auskühlen und hart werden, heben Sie sie vorsichtig mit einem Spatel oder einem Tortenheber vom Blech und rollen sie, ebenfalls vorsichtig, um den gefetteten Stiel eines Kochlöffels. Die Röllchen dann auf einem Kuchengitter auskühlen lassen. Sie schmecken auch so schon gut, sind aber mit einer Sahnefüllung an jedem Ende noch besser. Unter die Schlagsahne können Sie nach Geschmack noch kleine Stückchen kandierten Ingwer mischen.

Chocolate Eclairs

Hier handelt es sich um eine Abwandlung des Ritz-Rezepts. Dort verwendet man Crème patissière als Füllung, doch für mich sind Eclairs nur dann Eclairs, wenn sie mit Schlagsahne gefüllt sind – selbst wenn diese gefährlich herausquillt, wenn man nicht vorsichtig isst. (Das kann einem übrigens auch bei Brandy Snaps leicht passieren.)

300 ml Wasser
75 g Butter
135 g Mehl
15 g Zucker
3 Eier
125 g Kuvertüre
Schlagsahne zum Füllen

Fetten Sie zwei Backbleche leicht ein. Dann geben Sie das Wasser und die Butter in einen Topf und bringen sie zum Kochen. Dann das Mehl hineinschütten und so lange kräftig rühren, bis sich der glatte Teig vom Topfboden löst. Nun mischen Sie noch den Zucker unter und lassen die Masse auskühlen. Nach und nach die verquirlten Eier unterrühren. Dann kommt der Teig in einen Spritzbeutel mit einer 1 Zentimeter großen Sterntülle. Spritzen Sie 10 Zentimeter lange Stücke auf die Bleche und backen Sie diese 40 Minuten bei 220 °C (Gas Stufe 6). Dann legen Sie die schön aufgegangenen zigarrenförmigen Teigstücke zum Abkühlen auf ein Kuchengitter und schneiden sie auf einer Seite mit einem Messer ein, so dass der Dampf entweichen kann. Die Kuvertüre schmelzen und in eine flache Schüssel gießen. Nehmen Sie jedes Eclair vorsichtig zwischen Daumen und Zeigefinger und tauchen seine Enden in die Kuvertüre. Die Schokolade wird danach sehr rasch fest. Anschließend ziehen Sie die Eclairs an der aufgeschnittenen Seite vorsichtig auseinander und füllen mit einem Spritzbeutel eine oder zwei Schichten Schlagsahne hinein.

Simnel Cake
(Früchtekuchen mit Marzipan)

Simnel ist eine Spezialität meiner Geburtsstadt Bury im Nordwesten Englands. Dieser Kuchen hat eine lange Geschichte: Der Name stammt vom lateinischen Wort *simila*, der Bezeichnung für die weißeste und feinste Mehlsorte. Das Backwerk hat sich im Lauf der Jahrhunderte von einer Art Brot über einen Auflauf zu dem entwickelt, was es heute ist: ein gehaltvoller Früchtekuchen mit einer Marzipanfüllung in der Mitte und Zuckerguss, der oft noch mit 11 Marzipankugeln verziert wird.

Im 19. Jahrhundert gehörte der Kuchen zum dritten Sonntag der Fastenzeit, dem traditionellen »Mothering Sunday«, an dem die Dienstmädchen nach Hause fahren durften, um ihre Mütter zu besuchen. Den Simnel Cake brachten sie als Geschenk mit. Inzwischen ist er praktisch zu einem Osterkuchen geworden. Die elf Kugeln stehen für die elf treuen Apostel – also ohne Judas.

Für den Teig:
375 g Sultaninen
375 g Rosinen
125 g kandierte Zitrusfruchtschalen
350 g Mehl
30 g gemahlene Mandeln
250 g Butter
250 g brauner Zucker
330 g Eier (in der Schale gewogen)
½ TL Backpulver
½ TL geriebene Muskatnuss
1 EL Rum
einige Tropfen Mandelessenz

Für die Marzipanmasse:
500 g gemahlene Mandeln
250 g Zucker
250 g gesiebter Puderzucker
1 Ei
1 Eigelb
1 EL Zitronensaft
1 EL Orangenblütenwasser (nach Belieben)
2 EL Aprikosenmarmelade (durch ein Sieb gestrichen)

Für den Guss:
250 g Puderzucker
Zitronensaft

Für die Marzipanmasse vermengen Sie die Mandeln gründlich mit dem Zucker. Kneten Sie dann das Ei, das Eigelb, ein wenig Zitronensaft und das Orangenblütenwasser unter. Auf einem mit gemahlenen Mandeln bestreuten Brett die Hälfte der Masse zu einer runden Platte, die etwas kleiner ist als die Backform, ausrollen. Den Rest in elf Portionen teilen und daraus zwischen den Handflächen gleichmäßige Kugeln formen. Achten Sie darauf, dass diese nicht zu groß geraten, damit sie alle auf den Rand des Kuchens passen. Nun werden die Kugeln in eine feuerfeste Form gelegt und im Ofen, den Sie auf 160 °C (Gas Stufe 3) vorheizen, leicht gebräunt. Nehmen Sie sie heraus, sobald sie hellbraun sind. Eine runde Backform mit 20 cm Durchmesser ausbuttern, mit Butterbrotpapier auslegen und nochmals buttern. Nun mischen Sie Sultaninen, Rosinen, die Zitrusschalen sowie ein paar Esslöffel Mehl in einer Schüssel mit den Händen gut durch. Das restliche Mehl mit den gemahlenen Mandeln vermengen. In einer Extraschüssel die Butter mit dem Zucker schaumig schlagen und nacheinander die Eier unterrühren. Geben Sie Backpulver und Muskat zur Mehlmischung, die Sie wiederum unter den Teig rühren. Danach kommen die Früchte dazu. Als Letztes den Rum und die Mandelessenz untermischen. Geben Sie die halbe Teigmenge in die Form. Darauf kommt die Marzipanplatte und dann der restliche Teig. Streichen Sie die Oberfläche glatt; sie sollte ein wenig konkav sein. Nun 2½ Stunden im Ofen backen. Nach einer Stunde kontrollieren, ob die Oberfläche nicht zu dunkel wird und Sie deshalb die Temperatur etwas verringern sollten.

Den fertigen Kuchen auskühlen lassen und anschließend die Oberfläche mit der Aprikosenmarmelade, die Sie mit zwei Esslöffeln Wasser verrührt haben, bestreichen. Die Marzipankugeln gleichmäßig auf dem Rand verteilen (dank der Marmelade bleiben sie an Ort und Stelle).

Nun verrühren Sie in einer Schüssel den Puderzucker

mit so viel Zitronensaft, dass ein cremiger Guss entsteht. Erhitzen Sie diesen in einem Wasserbad und gießen Sie ihn dann von der Mitte aus über den Kuchen. Drehen und kippen Sie ihn dabei so, dass der Guss hübsch zwischen den Kugeln verläuft. Wenn nötig, helfen Sie mit einem Teigschaber vorsichtig nach, ohne dass dabei Brösel in den Guss geraten. Für Ostern können Sie den Kuchen zusätzlich mit kleinen Zuckereiern, Häschen o. Ä. verzieren. Ziehen Sie ganz zum Schluss vorsichtig das Papier ab und geben Sie eine Papiermanschette oder eine Satinschleife drum herum.

Teezubereitung

Der Tee selbst sollte von der feineren Sorte sein – nicht die starke Brühe, die man in Zügen oder Kantinen serviert bekommt. Wärmen Sie die Teekanne vor, dann kommen die Teeblätter oder -beutel hinein (die alte Faustregel lautet »ein Löffel pro Tasse und einer für die Kanne«). Mit kochendem Wasser aufgießen; vor dem Ausschenken ein paar Minuten ziehen lassen. Wer mag, benutzt ein Teesieb, um die losen Blätter aufzufangen. In einer Extrakanne hält man weiteres kochendes Wasser bereit, mit dem nach der ersten Runde nochmals aufgegossen wird. (Silberne Kessel oder Teemaschinen, wie die Queen sie benutzt, sind in normalen Haushalten nicht üblich.) Es gibt keine festen Regeln bezüglich der Teekannen, obwohl Mr Bentley darauf hinweist, dass der Tee in Kannen aus Silber oder anderem Metall länger heiß bleibt als in solchen aus Porzellan. Manche Hausfrauen benutzen Teewärmer, wattierte und verzierte Hüllen, die man zum Warmhalten über die Kanne stülpt. Den Tee auf einem Stövchen warm zu halten ist keine englische Tradition. Eine anständige Teekanne muss sich gut ausgießen lassen, und die anspruchsvolle Gastgeberin wird beim Einkauf darauf bestehen, verschiedene Modelle mit Wasser zu testen, bevor sie sich entscheidet.

Man kann seinen Tee pur, mit Zucker und Zitrone oder ihn – wie wahrscheinlich die Mehrzahl der Briten – im indischen Stil, d. h. mit Milch, nehmen. Diese Gewohnheit hat zu der Frage geführt, was zuerst in die Tasse kommen sollte: Tee oder Milch? Die eine Schule argumentiert, dass sich nur, wenn man die Milch zuletzt hineingibt, ihre Menge genau der Stärke des Tees anpassen lässt. Wohingegen die andere Schule sich an der Vergangenheit orientiert, als die kostbarsten Teetassen aus so feinem Porzellan waren, dass man die Finger hindurchsehen konnte; die Verfechter dieser Methode beharren darauf, die Milch müsse zuerst in die Tasse, um diese beim Einschenken des heißen Tees vor dem Zerspringen zu schützen. Mr Bentley weiß aus zuverlässiger Quelle, dass die Königin selbst zuerst Milch nimmt, was in seinen Augen – und ohne Zweifel auch in denen vieler anderer treuer Untertanen – das Ende der Debatte bedeutet.

High Tea

In vielen Familien ist der Tee eine weitaus handfestere Angelegenheit als im »Ritz«. Die Sandwiches sind hier mächtiger und mit kaltem Huhn, Thunfisch oder kaltem Rindfleisch belegt. Im Winter gibt es möglicherweise Crumpets, Muffins, Teekuchen oder Brot, das an einer langen, dreizinkigen Toastgabel aus Messing über dem offenen Feuer geröstet wird. Die Kuchen sind schwerer. Und vielleicht isst man auch Pies, Salate und eingekochtes Obst mit Custard oder Sahne. Dann spricht man statt von Tea von High Tea. Dieses Mittelding zwischen Tee und Abendessen ist in vielen Familien Nordenglands die einzige Mahlzeit am Abend. Man nimmt sie gegen sechs Uhr abends ein und kombiniert dabei praktischerweise das Abendbrot der Kinder mit einem gehaltvolleren Essen für den Vater, der um diese Zeit aus der Fabrik oder von der Feldarbeit nach Hause kommt. In solchen Haushalten ist »Dinner« eigentlich das Mittagessen. Die Leute aus dem Süden betrachten den High Tea abschätzig als plebejisch. (Manche Amerikaner bezeichnen den Nachmittagstee – Afternoon Tea – als High Tea, was aus der Sicht eines Engländers falsch ist.)

Crumpets
(Sauerteigfladen)

Crumpets sind etwas sehr Englisches, und viele meiner Landsleute assoziieren damit Tea Time rund um einen Gasherd in Studentenbuden oder am bullernden Kohlenfeuer an einem Wintertag zu Hause. Crumpets sind köstliche, leicht saftige, runde Scheiben aus Eierkuchenteig, die auf einem Blech gebacken (oder beim Bäcker gekauft), dann getoastet und so heiß wie möglich gegessen werden. Auf der Oberseite haben die Crumpets kleine Löcher, die geschmolzene Butter aufnehmen. Um Crumpets selbst zu backen, benötigen Sie Crumpet Rings oder irgendwelche anderen feuerfesten Ringe von ungefähr 7 bis 10 Zentimetern Durchmesser und einer Höhe von mindestens 2,5 Zentimetern.

Für 8-10 Crumpets:
1 TL Salz
450 g Mehl
300 ml Milch vermischt mit 300 ml Wasser
30 ml Öl
1 TL Zucker
20 g frische Hefe oder 1 Päckchen Trockenhefe
½ TL Natron
100 ml warmes Wasser

Sieben Sie das Mehl mit dem Salz in eine vorgewärmte Schüssel und stellen Sie diese für 10 Minuten in einen ganz schwach geheizten Ofen. Erwärmen Sie Milch, Wasser, Öl und Zucker und lösen Sie in 60 ml dieser Mischung die frische Hefe auf, die rasch Blasen werfen und cremig werden müsste. (Bei der Verwendung von Trockenhefe rühren Sie diese in die ganze Flüssigkeit und lassen sie an einem warmen Ort gehen.) In eine Vertiefung im erwärmten Mehl kommt nun die Hefemischung sowie die restliche Flüssigkeit. Schlagen Sie den Teig mindestens 5 Minuten lang kräftig, so dass er möglichst viel Luft aufnimmt. Anschließend soll er zugedeckt an einem warmen Ort 2 Stunden lang gehen, bis sich an seiner Oberfläche Blasen gebildet haben. Lösen Sie nun das Natron in 2 bis 3 Esslöffeln warmem Wasser auf und geben Sie es in den Teig, der jetzt noch einmal ein paar Minuten lang aufgeschlagen wird. Dann erneut zugedeckt an einem warmen Ort eine weitere Stunde lang gehen lassen. Wenn der Teig anfangs keine Blasen bilden will, geben Sie einfach ein wenig warmes Wasser dazu.

Das Backblech, eine schwere Reine oder Bratpfanne dünn mit Schmalz oder Backfett einfetten. 3 bis 4 Ringe auf das Backblech legen und jeweils bis knapp unter den Rand mit Teig füllen. 8 bis 10 Minuten bei schwacher Hitze backen, bis die Oberfläche löchrig wird. Dann die Ringe abnehmen und die Crumpets noch einmal 4 Minuten von der anderen Seite backen. Sie können sie dann sofort, noch heiß mit Butter bestrichen, essen oder später toasten.

Muffins

Englische Muffins unterscheiden sich recht stark von amerikanischen Muffins, die ja in den letzten Jahren in Deutschland so populär geworden sind. Sie sind weich und rund und ähneln eher richtigem Brot als Crumpets, mit denen sie historisch betrachtet eng verwandt sind. Über Generationen wurden Muffins noch warm von »Muffin men« auf den Straßen der Städte verkauft. Bis Anfang des 20. Jahrhunderts erfreuten sich Muffins allgemeiner Beliebtheit, danach waren sie nur noch im Norden Englands verbreitet, bis die modernen Supermärkte für ein gewisses Revival sorgten.

Für 8 Muffins:
450 g Mehl
2 TL Salz
175 ml Milch vermischt mit 175 ml Wasser
30 ml Olivenöl
20 g frische Hefe oder 1 Päckchen Trockenhefe
1 TL Zucker
Reismehl zum Bestäuben

Das Mehl mit dem Salz in eine Schüssel sieben und zugedeckt in den ganz schwach geheizten Backofen stellen. Milch, Wasser und Olivenöl lauwarm erhitzen; die Hefe mit dem Zucker sowie ein paar Löffeln dieser Flüssigkeit verrühren. Wenn Sie Trockenhefe verwenden, geben Sie diese direkt in die gesamte Flüssigkeit und lassen alles an einem warmen Ort gehen, bis sich Blasen bilden. Drücken Sie eine Vertiefung in das erwärmte Mehl, in die Sie alle Flüssigkeit gießen. Zu einem glatten Teig verrühren und dann kräftig schlagen. Die Konsistenz sollte elastisch und weich, aber nicht klebrig sein. Die Schüssel mit einem feuchten Tuch zudecken und an einem warmen Ort etwa eine Stunde gehen lassen, bis der Teig seinen Umfang verdoppelt hat. Die Masse in 8 gleich große Portionen teilen, die Sie zu Kugeln formen und dann mit dem Handballen leicht flach drücken. Die Muffins rundherum mit Reismehl bestäuben, auf ein gut bemehltes Brett legen und zugedeckt weitere 40 Minuten gehen lassen. Ein leicht gefettetes Backblech oder eine Kasserolle im Backofen erhitzen und die Muffins vorsichtig mit einem Pfannenwender darauf setzen. Bei mittlerer Hitze 8 Minuten auf jeder Seite backen. Die fertigen Muffins sollten bemehlt, blassgolden bzw. um die Mitte weiß aussehen und bis zu 5 Zentimeter hoch sein. Sie werden getoastet und mit Butter bestrichen noch heiß serviert.

Zimttoast

1 EL Zimt
2 EL feiner Zucker
mehrere Scheiben heißer, gebutterter Toast

Zimt und Zucker mischen und auf den Toast streuen. Essen Sie das Brot, so lange es noch heiß ist.

Eccles Cakes

Eccles ist eine Stadt in der Grafschaft Lancashire, und diese runden, mit dicken Korinthen gefüllten Teilchen wurden dort zu kirchlichen Feiertagen gebacken. Angeblich verurteilten die Puritaner sie im 17. Jahrhundert als zu hedonistisch und erließen 1650 ein Gesetz, wonach jeder, der solches Gebäck aß, ins Gefängnis geworfen werden konnte.

Für 9-10 Eccles Cakes:
175 g Korinthen
200 g Blätterteig
125 g Zucker
ein wenig Milch zum Bestreichen
etwas Zucker zum Bestreuen

Die Korinthen zum Aufquellen in ein Schälchen mit lauwarmem Wasser geben und zur Seite stellen. Dann rollen Sie den Teig zu einem Quadrat von etwa 30 Zentimetern Seitenlänge aus. Das geht leichter, wenn man den Teig zwischen zwei Lagen Back- oder Wachspapier legt. Aus dem Teig 10 Zentimeter große Kreise ausschneiden oder -stechen. Die Korinthen abgießen und mit dem Zucker vermischen. Dann jeweils einen kleinen Löffel davon in die Mitte der Teigscheiben setzen. Die Ränder der Kreise mit Wasser anfeuchten und nach oben zusammendrücken, so dass kleine dicke Taschen entstehen. Die Täschchen umdrehen und mit dem Nudelholz vorsichtig flach rollen. Die glattere Seite mit Milch bestreichen und auf ein dünn mit Zucker bestreutes Brettchen pressen. Auf derselben Seite machen Sie drei parallele Schnitte mit der Spitze eines scharfen Messers, so dass die Korinthen aus den Taschen hervorlugen.
Auf einem gefetteten Backblech in 15 bis 20 Minuten goldbraun backen.

Flapjacks
(Haferflockenschnitten)

Dieses ebenso einfache wie köstliche Gebäck ist genau das Richtige für kurzfristig angemeldete, hungrige Gäste.

Für 10-12 Flapjacks:
175 g Butter
175 g brauner Rohrzucker
3 EL Zuckerrübensirup
225 g Haferflocken
1 Prise Salz

Ein tiefes Backblech mit Butter einfetten. Dann die Butter, den Zucker und den Sirup in einer schweren Pfanne auf kleiner Flamme erhitzen. Geben Sie nun die Haferflocken mit dem Salz in eine Schüssel und gießen Sie die geschmolzenen Zutaten darüber. Alles gründlich vermengen und gleichmäßig auf das Backblech streichen. Bei 200°C (Gas Stufe 6) 20 bis 25 Minuten backen. Lassen Sie die Masse anschließend 5 Minuten lang abkühlen, bevor Sie sie mit einem Messer in gleichmäßige Quadrate oder Rechtecke schneiden. Auf dem Blech auskühlen lassen.

Dundee Cake
(Früchtekuchen)

Streng genommen ist dies ein schottischer Kuchen, der aus einer Stadt stammt, der wir auch die Marmelade verdanken, aber er erfreut sich in England ebenso großer Beliebtheit und gehört als einer der hübschesten und charakteristischsten Früchtekuchen auf jeden Teetisch. Man erkennt ihn sofort an der Verzierung mit konzentrischen Kreisen aus abgezogenen Mandeln, die alle mit der Spitze nach innen zeigen.

Eccles Cake

225 g Butter
225 g brauner Zucker
5 verquirlte Eier
275 g gesiebtes Mehl
225 g Korinthen
225 g Sultaninen
50 g kandierte Kirschen, halbiert
50 g Mandelblättchen oder -stifte
50 g kandierte Orangenschale
50 g gemahlene Mandeln
abgeriebene Schale von 1½ unbehandelten Orangen
abgeriebene Schale von ½ unbehandelten Zitrone
1 Prise Salz
¼ TL Natron, aufgelöst in 1 EL Milch
50 g halbierte, abgezogene Mandeln zum Verzieren

Eine Springform einfetten oder mit Backpapier auslegen. Butter und Zucker in einer großen Schüssel
schaumig rühren. Ein Viertel der Eier dazugeben, dann
ein Viertel des Mehls. Verfahren Sie unter Rühren so
weiter, bis die Eier und das Mehl komplett eingearbei-
tet sind. Die kandierten Früchte, Mandeln, Zitrusschalen und das Salz unter den glatten Teig mischen. Nun
kommt noch das in Milch aufgelöste Natron dazu.
Füllen Sie die Teigmasse in die Backform und verzieren Sie die glatt gestrichene Oberfläche von der Mitte aus beginnend mit den Mandelhälften. Den Kuchen
3½ Stunden bei 150 °C (Gas Stufe 2) backen. Danach
½ Stunde lang in der Form ruhen lassen und erst dann
zum völligen Auskühlen auf ein Kuchengitter stürzen.

Dinner

Es gab eine Zeit in England, als sich die Leute eines bestimmten Standes zum Abendessen umzogen, selbst wenn sie dieses nur zu Hause im Kreise der Familie einnahmen. Das Dinner besaß im Unterschied zum bescheidenen High Tea oder Supper eine gewisse Aura des Formellen. Das ging so weit, dass sich Engländer in den entlegensten Teilen des Empires zum Dinner umkleideten, um – und das kann man je nach Standpunkt komisch oder bewundernswert finden – das Niveau ihrer Kultur selbst dann aufrechtzuerhalten, wenn sie auf Holzkisten in drückender Hitze unter einem Feigenbaum saßen.

Heutzutage wird ein Mittelschicht-Dinner mit sehr viel größerer Wahrscheinlichkeit auf einem nackten Kiefernholztisch in der Küche von der Gastgeberin oder dem Gastgeber direkt vom Herd serviert als von einem Bediensteten in Silberschüsseln an einem polierten Mahagonitisch. Der Erfolg einer Dinner-Party wird zunehmend danach bemessen, ob sie »zündet«, d. h. ob die Kombination aus Gästen, Wein, Essen und Umgebung eine freundliche Atmosphäre und eine angeregte Unterhaltung erzeugen, die allen Spaß machen. Dagegen geht es kaum noch darum, ob alle Vorschriften der gesellschaftlichen Etikette perfekt eingehalten werden.

Und was das für Regeln waren! Bestimmte Themen galten zum Beispiel bei Tisch als absolut tabu, unter anderem Geld, Politik, Religion, Sex und das Essen selbst. Man fragt sich, worüber die Leute dann eigentlich geredet haben! Aber wer vielleicht glaubt, inzwischen sei alles erlaubt, den weist John Morgan, dessen Kolumne in der ›Times‹ zum Thema Etikette ein viel gelesener Leitfaden für gutes Benehmen war, darauf hin, dass es bei Tisch (oder auch anderswo) durchaus

Tabuthemen gibt, etwa rassistische, antisemitische oder sexistische Äußerungen.

In dem Internat, das ich besuchte, war es verboten, jemals bei Tisch um irgendetwas zu bitten – die Idee dahinter war, uns beizubringen, von selbst zu sehen, was auf den Tellern unserer Nachbarn fehlte, und es ungefragt zu reichen. Außerdem hatten wir strikte Anweisung, »Konversation zu machen«, insbesondere mit den Lehrkräften, die mit uns zu Mittag aßen. Wir sollten weder in Schulmädchengeschwätz noch in kollektives Schweigen verfallen. Jemand erzählte uns einmal, ein gewandter Unterhalter sei in der Lage, die Anwesenden bei Tisch in alphabetischer Reihenfolge von Thema zu Thema zu führen, ohne dass diesen das bewusst würde – was wir natürlich sofort selbst ausprobierten. Wir gingen dabei aber offenbar nicht subtil genug zu Werke, denn, ach, unsere Lehrer merkten es immer.

Ein Minimum an Tischmanieren hat sich bis heute gehalten. So bleibt etwa, wenn man nur mit einer Hand isst, die andere Hand bei einem Engländer auf dem Schoß und liegt nicht auf dem Tisch. Englische Suppenlöffel sind relativ rund, und man isst die Suppe von der Seite, als würde man aus einer Tasse trinken, nicht von der Löffelspitze aus. Beim Essen mit Messer und Gabel werden Erbsen und andere schwer zu bändigende Kleinteile auf die Rückseite der Gabel gedrückt und man dreht die Gabel nicht um – wie zum Beispiel in Deutschland üblich –, um sie wie einen Löffel zu benutzen. Hierzulande werden auch die Kartoffeln mit dem Messer geschnitten. Geräuschvolles Essen und Reden mit vollem Mund gilt als ungezogen. Viele Engländer deponieren eher ein kleines Häufchen Salz auf dem Tellerrand, in das sie einen Bissen bei Bedarf einstippen, anstatt das Salz über die Speisen zu streuen. Wenn man genug gegessen hat, kommen Gabel und Messer parallel so auf den Teller, dass sie einen rechten Winkel zur davor sitzenden Person bilden. Kinder werden bis heute ermahnt, die Ellbogen nicht auf den Tisch zu legen – »das gilt nach wie vor als schlechte Angewohnheit«, so John

Morgan –, doch wenn keine Kinder zugegen sind, machen viele Erwachsene genau das. Rauchen ist in englischen Restaurants und Pubs mittlerweile verboten. Im privaten Rahmen wird es als rücksichtsvoll und höflich angesehen, zu fragen, ob man für eine schnelle Zigarette nach draußen gehen kann – außer der Gastgeber ist ein hartnäckiger Raucher, der über jeden Mit-Raucher am Tisch froh ist.

Wie beim Lunch gilt eine Suppe auch beim Dinner als beliebter erster Gang. Im Winter schmeckt eine kräftige, aromatische Ochsenschwanzsuppe. Sie sollte jedoch unbedingt einen Tag vorher zubereitet werden, damit man das Fett abschöpfen kann.

Oxtail Soup
(Ochsenschwanzsuppe)

1 großer Ochsenschwanz
1 Zwiebel
2 Karotten
2-3 Selleriestangen
1 weiße Rübe
60 g Butter
1 Bouquet garni
1 TL Pfefferkörner
Salz
2 l Brühe
2 EL Mehl (nach Belieben)
4 EL Sherry, Portwein oder Marsala

Den Ochsenschwanz in Stücke schneiden und alles überschüssige Fett entfernen. Die Gemüse putzen, waschen, würfeln und mit den Fleischstücken in der zerlassenen Butter kräftig anbraten. Das Bouquet garni, die Pfefferkörner, Salz und die Brühe dazugeben. Lassen

Sie die Suppe nun bei kleiner Flamme 4 bis 5 Stunden lang köcheln, wobei Sie immer wieder den Schaum abschöpfen. Das Fleisch sollte so weich sein, dass es sich fast von selbst vom Knochen löst. Gießen Sie dann die Suppe durch ein feines Sieb in eine Schüssel, die Sie in den Kühlschrank stellen.

Anschließend wird das Fleisch von den Knochen gelöst, wobei Sie Fett, Haut und das Suppengemüse sorgfältig entfernen. Das Fleisch von der Suppe getrennt aufbewahren.

Am nächsten Tag nehmen Sie das Fett ab, das sich als feste Schicht auf der Suppe abgesetzt hat, und erhitzen die Suppe fast bis zum Siedepunkt. Nun kommen das Fleisch und der Sherry hinein. Falls Sie die Suppe etwas sämiger mögen, rühren Sie das Mehl mit ein paar Löffeln Suppe glatt und geben es zusammen in den Topf. Noch einige Minuten köcheln lassen und dann servieren.

Empfehlenswert für die kalte Jahreszeit ist auch Wildsuppe, für die man frische Fleischreste oder Überbleibsel anderer Wildgerichte verwenden kann.

Game Soup (Wildsuppe)

Für 8 Portionen:
450 g Wild (Fasan, Rebhuhn, Wildtaube oder Moorhuhn)
250 g mageres Rindfleisch
60 g magerer Schinken
1 Zwiebel
1 Karotte
1 kleine weiße Rübe
1 Stange Sellerie

50 g Butter
1,5 l Rinderbrühe
1 Bouquet garni
4 Wacholderbeeren
Salz, Pfeffer
2 EL trockener Sherry

Das Wild, das Rindfleisch und den Schinken in kleine
Stücke schneiden. Die Gemüse putzen, waschen und
würfeln. Lassen Sie die Butter in einer Pfanne schmelzen und braten Sie Fleisch und Gemüse darin kräftig
an. Mit der Brühe ablöschen. Dann fügen Sie noch das
Bouquet garni und die Wacholderbeeren sowie Salz
und Pfeffer hinzu. Das Ganze bei schwacher Hitze
1 bis 2 Stunden kochen lassen und bei Bedarf mit etwas Wasser auffüllen. Danach passieren Sie die Suppe
durch ein Sieb und lassen sie zum Entfetten vollständig
abkühlen. Vor dem Servieren den Sherry hinzufügen
und die Suppe erneut erhitzen.

Eine beliebte Vorspeise, insbesondere in Restaurants, ist Whitebait. Diese Baby-Heringe und Sprotten sind maximal 3 bis
4 Zentimeter lang. Im 19. Jahrhundert hatten Whitebait
Dinners unter den Politikern am Ende jeder Parlamentssit-
zung große Tradition. Damals wurden die Fische noch an
der Themse-Mündung gefangen, heute jedoch kommen sie –
vermutlich wegen der Wasserverschmutzung – tiefgekühlt
von weiter her.
Die Zubereitung ist denkbar einfach: Die Fische werden
nicht ausgenommen, sollten jedoch, wenn sie tiefgekühlt
sind, zunächst auftauen. Dann bestäubt man sie mit etwas
Mehl und frittiert sie etwa 3 Minuten lang in Pflanzenöl. Das
Geheimnis besteht darin, sie portionsweise zu braten, so dass
die Fische nicht zusammenkleben. Servieren Sie dazu dunkles Brot, Butter und Zitronenachtel.

Eine andere köstliche und sehr einfache Vorspeise, die Sie im Voraus zubereiten können, sind

Potted Shrimps

In England kommen diese von der sandigen Mündung des Flusses Lune bei Morecambe. Klein, grau-rosa und süß im Geschmack ähneln sie den Nordseekrabben.

250 g gesalzene Butter, am besten Danish Lurpak
450 g gepulte frische Shrimps
¼ TL Muskatblüte
1 Prise Cayennepfeffer
1 Prise Muskatnuss
kleine Töpfchen oder Auflaufförmchen

Zunächst die Butter in einer Kasserolle schmelzen und klären, ohne sie braun werden zu lassen. Schalten Sie die Herdplatte ab und warten Sie, bis sich die Ausflockungen abgesetzt haben, dann die flüssige Butter durch ein Stückchen Musselin gießen. Nun erhitzen Sie etwa ¾ der Butter erneut und geben die Shrimps und die Gewürze hinein. Alle Zutaten sollen heiß, die Butter jedoch nicht braun werden. Die Krabben auf die Töpfchen oder Förmchen verteilen, mit der restlichen Butter begießen und kalt stellen.

Lachs ist eine der Zierden der englischen Tafel. Dieser bemerkenswerte Fisch beginnt und beendet sein Leben im selben Fluss, verbringt dazwischen jedoch eine beträchtliche Zeit weit weg im Meer. Der Anblick der großen silbrigen Fische, die Wasserfälle und Stromschnellen überwinden, um zum Laichen die entlegensten Abschnitte nördlicher Flüsse zu erreichen, ist unvergesslich. Seit jedoch skandinavische Fischereiflotten die lange unbekannten Lebensräume der

Lachse ausfindig machten und die Lachse mit Netzen fangen, ist die Zahl der Fische, die ihren Weg zurück in unsere Flüsse finden, dramatisch gesunken. Auch wenn es Gesetze gibt, die den Lachsfang regeln, wird oft einfach weggesehen, und die Bestände haben sich nie mehr richtig erholt.

Inzwischen decken Lachsfarmen an der Westküste und vor den schottischen Inseln die enorme Nachfrage nach dieser Delikatesse. Ein Wildlachs mit seinem festeren, aromatischeren Fleisch ist leicht an seinen scharfen Flossen und dem kräftigen, wohl geformten Schwanz zu erkennen, die er vom Schwimmen im offenen Wasser bekommt. Dagegen weist der Zuchtlachs nur einen kleinen, schlaffen Stummelschwanz und oft auch ein stumpfes Maul auf, das vom Anstoßen an die Stangen des Geheges kommt. Ein Zuchtlachs hat außerdem schwarze Flecken an den Seiten, während ein Wildlachs ganz silbern ist. Letzterer ist auch an seinem extrem hohen Preis erkennbar.

Lachs sollte absolut frisch gekauft werden und, falls es sich um Zuchtlachs handelt, von einer guten Farm stammen. Man kann daraus wunderbare Vor- und Hauptspeisen zubereiten, und wie bei jedem guten Fisch gilt auch hier: je einfacher die Zubereitung, desto besser der Geschmack. Viele Rezepte für Lachs lassen sich auch mit Lachsforelle zubereiten, die ich persönlich wegen ihres feineren Geschmacks sogar bevorzuge. Außerdem sind Lachsforellen meist erheblich günstiger als ihre großen Verwandten.

Räucherlachs ist zu Recht eine kostspielige Delikatesse und bedarf keiner weiteren Zubereitung. Sie sollten ihn jedoch mit Sorgfalt auswählen, weil billigere Sorten auch geschmacklich enttäuschen können. Geräucherter Lachs von Fischen, die auf dem offenen Meer und nicht in Flüssen gefangen wurden, ist sehr salzig und fett. Guter schottischer Räucherlachs aus Flüssen ist vielleicht teuer, meiner Ansicht nach aber sein Geld immer wert. Sie brauchen dazu nur dunkles Brot oder Toast und Butter sowie ein paar Zitronenachtel. Eine gute Abwechslung ist:

Räucherlachs-Mousse

Dieses Gericht ist nicht gerade billig, dafür aber sehr ergiebig. (Im Kapitel »Picknick« finden Sie außerdem ein Rezept für eine Mousse aus frischem Lachs.) Kaufen Sie für die Mousse unbedingt Flusslachs; es muss allerdings nicht das beste Stück sein, kleinere Schnipsel reichen vollkommen aus.

400 g Räucherlachs
140 g Butter
40 g Mehl
¼ l Milch
Saft einer Zitrone
frisch gemahlener schwarzer Pfeffer
⅛ l Crème double

Entfernen Sie alle Gräten und Hautreste vom Lachs und legen Sie ein, zwei schöne Stückchen als Dekoration zur Seite. Das restliche Fischfleisch fein hacken oder durch den Fleischwolf drehen. 40 Gramm Butter in einer Kasserolle schmelzen. Das Mehl einstreuen und ein paar Minuten auf kleiner Flamme anschwitzen. Langsam unter Rühren die Milch angießen, so dass eine glatte, dicke Sauce entsteht. Einmal aufkochen und dann bei kleiner Flamme noch ein paar Minuten köcheln lassen. Dann gießen Sie die Sauce auf einen Teller, den Sie mit Frischhaltefolie abdecken und kalt stellen.
Die restliche Butter unter den Fisch mischen und die abgekühlte Sauce ebenfalls darunter ziehen. Mit Zitronensaft und Pfeffer abschmecken. (Salzen brauchen Sie die Mousse in der Regel nicht.) Zum Schluss heben Sie die halbsteif geschlagene Crème double unter und füllen die Masse in eine Servierschüssel oder eine gebutterte Form. Mit den beiseitegelegten Lachsstückchen verzieren und gut durchkühlen.

Frischen Lachs als Hauptgericht können Sie in Gemüsebrühe oder einem leichten Fischfond pochieren. Ich mag ihn am liebsten in Folie gewickelt und im eigenen Saft gegart.

In Folie gegarter Lachs

1 ganzer Lachs, ausgenommen und geschuppt
Olivenöl oder Butter
2-3 Lorbeerblätter
Salz
Pfeffer
Alufolie (so breit wie möglich)

Den Backofen auf 130 °C (Gas Stufe ½) vorheizen. Wischen Sie den Fisch mit Küchenpapier sauber und legen Sie die Lorbeerblätter in seinen Bauch. Dann ölen oder buttern Sie zwei Streifen Alufolie ein, mit denen Sie den fertigen Fisch hochheben können. Nun wird auch der Fisch mit Öl oder zerlassener Butter bestrichen und mit Salz und Pfeffer bestreut. Fetten Sie ein weiteres großes Stück Folie ein, auf das Sie den Fisch legen. Der Lachs wird locker darin eingewickelt, die Folie jedoch fest verschlossen, damit keine Flüssigkeit austreten kann. Geben Sie den Fisch in den Ofen und garen Sie ihn bei dieser schwachen Hitze. Lachs braucht seine Zeit – veranschlagen Sie für 900 g etwa 1½ Stunden, für 1,35 kg 2 Stunden, für 1,8 kg 2½ Stunden und für 2,25 kg 3 Stunden Garzeit. (Auch die Dicke spielt eine Rolle, d.h., wenn Ihr Fisch besonders dick ist, dauert es etwas länger, ein dünneres Stück ist schneller fertig.) Lachssteaks wiegen im Schnitt gute 200 Gramm und benötigen bei dieser Zubereitungsart 20 bis 25 Minuten. Der Fisch ist gar, wenn sich das Fleisch beim Gabeltest leicht von den Gräten löst.
Sie sollten nur dann Butter statt Öl verwenden, wenn

der Fisch heiß gegessen wird, weil sich sonst ein unansehnlicher Fettfilm bildet.

Problematisch kann es mit dem Kopf werden. Entweder ist der ganze Fisch zu lang für den Ofen oder der Kopf zu schwer und fällt beim Garen durch sein eigenes Gewicht ab. Eine Möglichkeit ist, den Kopf von vornherein abzutrennen, in ein separates Stück Folie zu wickeln und so im Ofen mitzugaren. Wenn Sie den fertigen Fisch auf einer Platte anrichten, legen Sie ihn wieder dazu und kaschieren den Übergang mit einem Salatblatt, mit Gurkenscheiben oder Mayonnaise.

Zu Lachs passen viele Arten von Gemüse, sofern diese keinen zu intensiven Geschmack haben. Die ideale Beilage sind Gurkenscheiben, die sich auch gut zum Dekorieren eignen, Mayonnaise und neue, in der Schale gekochte Kartoffeln.

Die Gewässer rund um die Britischen Inseln sind sehr fischreich, was meiner Ansicht nach von den Engländern nicht richtig geschätzt wird. Fänge der wunderbarsten Fische und Krustentiere werden in englischen Häfen von den Kuttern geladen. Ein Großteil davon bleibt allerdings nur auf englischem Boden, bis er verpackt ist, um auf andere Märkte, etwa in Frankreich, verschifft zu werden, wo man ihm mehr Beachtung schenkt. Austern aus Whitstable oder Colchester sind vorzüglich. Schon die römischen Besatzer, die ihre eingebildeten Nasen über die einheimische Bevölkerung und deren Essgewohnheiten rümpften, stürzten sich begierig darauf und exportierten sie sogar nach Rom. Jahrhundertelang kamen die Engländer jedoch nicht auf den Geschmack, und Austern, Herzmuscheln, Strandschnecken und Miesmuscheln blieben eine Speise der einfachen Leute, billig, in großen Mengen verfügbar und mit vergleichbarem Stellenwert wie heute Pommes frites. Im Garten meines Hauses aus dem 19. Jahrhundert in Islington, London, grub ich Hunderte und Aberhunderte von Austernschalen aus, die man offen-

sichtlich bei zahlreichen Austernfesten in fröhlichem Überfluss einfach aus dem Fenster geworfen hatte.

Von Roastbeef und Lammbraten war schon im Kapitel »Lunch« die Rede, aber vom Lamm gibt es noch eine Reihe von Rezept-Variationen, die auf einer festlichen Dinner-Tafel prachtvoll zur Geltung kommen.

Crown Roast of Lamb
(Lammkrone)

Bei Londons besten Metzgern – die noch die traditionellen Strohhüte, ein breites Grinsen und blau-weiß gestreifte Schürzen tragen – werden fertige Lammkronen, natürlich zu einem angemessenen Preis, verkauft. Die meisten von uns müssen sich jedoch selbst behelfen, und das Schwierigste daran ist, das richtige Stück Fleisch zu bekommen und es korrekt einzuschneiden, so dass es sich wirklich zu einer Krone formen lässt.

Sie brauchen dafür zwei obere Rippenstücke im Ganzen mit jeweils sechs oder sieben Koteletts. Beide Stücke sollten ungefähr gleich groß sein, d. h. am besten vom selben Tier stammen. (Achten Sie darauf, Lammfleisch aus Neuseeland, Großbritannien oder einem anderen nordeuropäischen Land zu bekommen, da sich Fleisch aus dem Mittelmeerraum für diese Zubereitung nicht eignet.) Bitten Sie Ihren Metzger, das Fleisch zwischen den Knochen am dünnen Ende einzuschneiden, so dass sich die Rippchen auseinanderbiegen lassen. Die Koteletts selbst werden nicht getrennt, sondern bleiben am Stück.

Zu Hause kratzen Sie das Fleisch (eigentlich sind es nur Haut und Fett) von den dünnen Enden der Rippchen und rollen es in Richtung Koteletts herunter, damit der obere Teil der Knochen ganz fleischfrei wird. Nun legen Sie die beiden Stücke aufeinander und nähen sie mit Küchengarn an den Außenseiten zusammen. Das ergibt einen Ring aus 12 bzw. 14 Koteletts, bei dem die Knochen nach außen und die Koteletts nach innen zeigen sollen. Dann wird die Füllung (siehe unten) zubereitet. Umwickeln Sie zum Garen die blanken Knochen mit Alufolie, damit sie nicht verbrennen. Dann kommt die Krone in die Fettpfanne des Backofens. Geben Sie die Füllung hinein und garen Sie das Ganze bei mittlerer Hitze (190 °C oder Gas Stufe 5) etwa 75 Minuten lang im Backofen. Wenn das Fleisch gar ist, tauschen Sie die Alufolie gegen Papiermanschetten aus.

Als Füllung bevorzuge ich eine Mischung aus Kastanien, Äpfeln und Wurstbrät, wie sie auch für den Weihnachtstruthahn verwendet wird (siehe S. 152).

Jane Grigson hat eine interessante Füllung mit Haselnüssen erfunden. Sie sollten unter dem Grill oder in einer schweren Pfanne leicht geröstet und erst dann grob gemahlen werden.

1 große Zwiebel, gehackt
60 g Butter

125 g frische Weißbrotkrumen
60 g geröstete, grob gemahlene Haselnüsse
4 Stücke eingelegte Ingwerwurzel, gehackt
Saft von 1 Zitrone
abgeriebene Schale von ½ Zitrone
1 großes Ei, verquirlt
Salz
frisch gemahlener schwarzer Pfeffer
2 EL gehackte Petersilie

Dünsten Sie die Zwiebel in der Butter an, ohne dass sie braun wird. Geben Sie die übrigen Zutaten in der genannten Reihenfolge dazu. Nach Geschmack würzen. Mrs Grigson bot als Alternative an, den Ingwer durch gehackte Geflügelleber zu ersetzen und die Füllung mit einem gehäuften Teelöffel Thymian noch würziger zu machen. Statt einer Füllung geben manche Köche auch Röstkartoffeln oder verschiedenerlei Gemüse in die Lammkrone.

Eine ähnliche und ebenso spektakuläre Zubereitungsart für Lammbraten ist

Guard of Honour

Dabei werden die Rippchen nicht zu einer Krone geformt, sondern so zueinander platziert, dass die Knochen wie gekreuzte Schwerter aussehen. Das erinnert an eine Sitte unter Offizieren in schneidigen Regimentern, wenn einer der ihren heiratet. Sie bilden dann zwei uniformierte Reihen, stehen Habacht und kreuzen ihre Schwerter hoch oben, so dass sie einen Bogengang bilden, durch den das glückliche Brautpaar schreitet, wenn es aus der Kirche kommt.
   Wie bei der Lammkrone benötigen Sie auch hier zwei ganze Rippenstücke mit jeweils sechs oder sieben Koteletts.

Schneiden Sie auf der oberen Seite 4 bis 5 Zentimeter weit Haut und Fett weg, so dass die Knochen blank sind. Mit einem scharfen Messer ritzen Sie dann ein Rautenmuster in die übrige Haut. Das Fleisch mit Salz, Pfeffer und Rosmarin einreiben. Nun stellen Sie die beiden Stücke so gegeneinander, dass die Hautseite nach außen und das Fleisch nach innen zeigt. Drehen Sie die Knochen so, dass sie wie verschränkte Finger ineinander greifen. Die beiden Stücke mit Fleischspießen oder -klammern fixieren und die Knochenenden mit Alufolie umwickeln. Bei 190 °C (Gas Stufe 5) 90 Minuten im Ofen braten.

Wie zur Lammkeule passen auch zur Lammkrone und der Guard of Honour am besten Mint Sauce, Johannisbeergelee, frische Erbsen oder grüne Bohnen und neue oder Bratkartoffeln.

Steak and Kidney Pie ist eines der englischsten Gerichte der englischen Küche. Es hat jedoch einen intensiven Fleischgeschmack und sollte daher etwa Gästen, die keine besondere Vorliebe für rotes Fleisch haben, nicht unbedingt serviert werden.

Diese Spezialität ist eine beliebte Abwandlung der heißen Pasteten, die seit dem 15. Jahrhundert in den Straßen Londons verkauft wurden. Die Füllungen haben sich im Laufe der Zeit geändert, und früher, als sie noch erschwinglich waren, gab es auch welche mit Austern. Heute handelt es sich meist um ein dickes Ragout aus Rindfleisch, Nieren und Pilzen unter einem Teigdeckel. Manche Köche bevorzugen Mürbteig, aber traditionell sollte es Blätterteig sein. Der hat den Vorteil, sich verlockend hoch und goldfarben über dem Fleisch zu wölben. Für dieses Gericht können Sie übrigens auch preiswertere Stücke vom Rind verwenden.

Steak and Kidney Pie

1 kg Rumpsteak oder Rindergulasch
500 g Rindernieren
etwas Mehl
Salz, Pfeffer
Öl zum Braten
500 g Pilze
1 große Zwiebel
¼ l Bier
600 ml Rinderbrühe
500 g Blätterteig
1 Ei

Entfernen Sie alles sichtbare Fett von Fleisch und Nieren und schneiden Sie beides in Würfel von maximal 2,5 cm Größe. Mit etwas Mehl bestäuben, salzen und pfeffern. Dann braten Sie die Fleisch- und Nierenwürfel in einer Kasserolle in heißem Öl kräftig an und geben sie anschließend auf einen Teller. Im selben Fett die gehackte Zwiebel glasig dünsten und danach zum Fleisch geben. Nun werden die geputzten, blättrig geschnittenen Pilze in der Kasserolle gegart. Geben Sie anschließend Fleisch, Nieren und Zwiebel zu den Pilzen und gießen Sie mit Bier und Brühe auf. Dabei gut umrühren, damit die Zutaten nicht am Topfboden ansetzen. Nun kommt der Deckel auf den Topf und das Ganze bei 180 °C (Gas Stufe 4) für 45 Minuten in den Ofen. Das fertige Ragout geben Sie in eine große Pieform und lassen es auskühlen. Dann wird der Pie mit einem Deckel aus Blätterteig versehen, den Sie rundherum mit einer Gabel gut andrücken. Überstehenden Teig abschneiden und für Verzierungen verwenden. Bestreichen Sie den Teig zum Schluss mit dem verquirlten Ei. Inzwischen den Ofen auf 220 °C (Gas Stufe 7) vorheizen und die Pastete 15 Minuten lang backen, danach auf 180 °C (Gas Stufe 4) herunterschalten und den Pie weitere ca. 20 Minuten im Ofen lassen, bis der Teig goldbraun und schön aufgegangen ist.

Stellen Sie sich vor, Sie bekämen zu Weihnachten eine einzige Pastete, die vier Gänse, zwei Truthähne, zwei Kaninchen, vier Wildenten, zwei Waldschnepfen, sechs Schnepfen, vier Rebhühner, zwei Rinderzungen, zwei Brachhühner, sieben Amseln und sechs Tauben enthielte. Genauso einen Pie ließ sich ein gewisser Sir Henry Grey zur Weihnachtszeit des Jahres 1769 schicken. Es handelte sich dabei um einen der damals berühmten »Yorkshire Christmas Pies«, die reiche Londoner in Yorkshire für die Feiertage bestellten.

Diese Pasteten müssen Ehrfurcht gebietende Gebilde gewesen sein, mit einem Rand und einer Kuppel aus Blätterteig. Der Teig musste so fest sein, dass er die Stöße in einer Kutsche oder einem Wagen auf der langen Reise über schlechte Straßen aushielt. Im Inneren dieser Pies befand sich in der Tat Wildgeflügel in großer Zahl – das Platzproblem wurde gelöst, indem man das Geflügel entbeinte und wie bei den russischen Matroschka-Puppen ineinandersteckte, die kleinsten Vögel innen, den Truthahn außen, dazu Kaninchenbraten und anderes Wild, Gewürze, Gelee und weitere leckere Sachen drum herum. Wir wissen von Sir Henrys Exemplar, weil im ›Newcastle Chronicle‹ eben jenes Tages darüber berichtet wird. Der Pie maß 9 Fuß (knapp 3 Meter) im Durchmesser, man brauchte zwei Männer, um ihn hochzuheben, und er wurde in einer Reisekiste mit vier kleinen Rädern dran geliefert. Sein Gewicht betrug rund 75 Kilogramm.

Die Yorkshire Christmas Pies bildeten wahrscheinlich den Höhepunkt der englischen Vorliebe für Wild und Pasteten – wenn man den berühmten Pie in dem Kinderlied ›Sing a Song of Sixpence‹ mal außer Acht lässt. Darin ist die Rede von

Four-and-twenty blackbirds *baked in a pie*	Vierundzwanzig Amseln in einer Pastete eingebacken.

when the pie was opened
the birds began to sing.
Oh, wasn't that a dainty dish
to set before the King!

Als die Pastete aufgeschnitten
wurde, begannen die Vögel
zu singen. Oh, war das nicht ein
köstliches Gericht für den König!

Im Vergleich zu diesen Tours de force nimmt sich die folgende Wildpastete ziemlich bescheiden aus.

Game Pie
(Wildpastete)

Man kann für diese Pastete Hase, Kaninchen, Reh oder Wildvögel wie Fasan, Wildtaube oder Rebhuhn verwenden – oder eine beliebige Mischung davon. Das Fleisch sollte vor der Weiterverarbeitung von allen Knochen befreit werden. Da das Fleisch über Nacht oder wenigstens 8 Stunden lang mariniert werden muss, fängt man mit der Zubereitung klugerweise einen Tag vorher an. Die Teigdeckel solcher Pasteten werden traditionell mit Blättern aus Teigresten dekoriert.

700 g Wildfleisch, ohne Knochen gewogen
75 g geräucherter Speck
175 g Pilze
2 EL Mehl
40 g Butter
Salz und schwarzer Pfeffer

Für die Marinade:
220 ml Rotwein
60 ml Olivenöl
1 Zwiebel
1 Zweig Stangensellerie
7 Wacholderbeeren
7 Koriandersamen
2 Lorbeerblätter

1 Prise getrockneter Majoran
1 EL gehackte Petersilie

Für den Teig:
220 g Mehl
110 g Butter
40 g Speck
½ TL Salz
2 Eigelb
1 ganzes Ei

Zwiebel schälen und klein schneiden, ebenso die Selleriestange. Die Wacholder- und Korianderkügelchen zerdrücken. Legen Sie das Fleisch in eine Schüssel, fügen alle Gewürze hinzu und begießen Sie das Ganze mit dem mit Öl vermischten Rotwein. Abdecken und über Nacht marinieren lassen.
Am nächsten Tag gießen Sie die Marinade ab und stellen sie beiseite. Schneiden Sie den Speck und die Pilze klein, braten den Speck in einer großen Pfanne an, fü-

gen die Pilze und die Butter hinzu und dünsten alles ein paar Minuten. Bestäuben Sie das Ganze mit Mehl, rühren es unter und gießen mit der Marinade auf. Nun geben Sie das Wildfleisch hinzu, würzen mit Salz und Pfeffer und bringen alles zum Kochen. Dann reduzieren Sie die Hitze und lassen das Ragout etwa 90 Minuten köcheln, bis das Fleisch gar ist. Nach Bedarf können Sie etwas Wasser hinzufügen.

Sieben Sie Mehl und Salz in eine Teigschüssel, schneiden Butter und Speck in kleine Stückchen und verreiben beides mit den Fingerspitzen, bis alles gut gemischt ist. Verklöppeln Sie die Eigelbe mit 2 Esslöffel kaltem Wasser und arbeiten es in das Mehlgemisch mit einem Messer ein. Kneten Sie dann den Teig glatt und lassen Sie ihn etwa 1 Stunde lang ruhen. Gießen Sie das Fleischragout in eine tiefe Pastetenform. Rollen Sie den Teig auf 2 bis 3 Zentimeter Dicke aus. Schneiden Sie einen Teigstreifen von 1 Zentimeter Breite, den Sie um den mit Wasser angefeuchteten Rand der Form legen und andrücken. Dann befeuchten Sie diesen Teigstreifen. Nun bedecken Sie die ganze Pastete mit einem großen Teigstück. Drücken Sie die Ränder fest an und schneiden die überstehenden Reste mit einem Messer ab. Machen Sie mit einem Messer einige Schlitze in den Teig, damit der Dampf während des Backens entweichen kann. Dekorieren Sie den Rand der Pastete mit den Zinken einer Gabel oder mit einer runden Messerspitze, um eine muschelförmige Verzierung zu bekommen. Verklöppeln Sie das Ei und bestreichen damit den Teigdeckel. Schneiden Sie aus den Teigresten Blätter und kleben Sie diese in einem dekorativen Muster auf den Deckel. Bei 220 °C (Gas Stufe 7) 20 Minuten lang backen, dann die Hitze auf 190 °C (Gas Stufe 5) reduzieren und eine weitere halbe Stunde backen. Die Pastete sollte goldbraun aus dem Ofen genommen werden.

Jugged Hare
(Hasenpfeffer)

In der guten alten Zeit wurde dieses Gericht in einem irdenen Krug (engl. jug) zubereitet – daher der Name –, den man fest verschloss und drei Stunden oder länger in einen Kessel mit kochendem Wasser stellte. Das kann man natürlich auch heute noch machen, indem man einen Krug in ein Wasserbad auf den Herd stellt, aber die meisten Leute bereiten den Hasen einfach in einem ganz normalen Topf zu. Bitten Sie den Metzger, wenn Sie den Hasen kaufen, Ihnen auch das Blut des Tieres mitzugeben, weil es ein wichtiger Bestandteil dieses Gerichts ist.

2 EL Bratfett oder Butter
Olivenöl
350 g Schalotten
220 g durchwachsener Speck in Scheiben
1 Wildhase, grob zerlegt
2 EL Mehl
275 ml kräftiger Rotwein
1 Bouquet garni
1-2 TL Tomatenmark
Salz, Pfeffer
75 g Pilze
Hasenblut
Essig

Das Bratfett oder die Butter mit etwas Olivenöl in einer großen Kasserolle zerlassen. Die gehackten Schalotten und den Speck darin hellbraun dünsten. Dann beides herausnehmen, beiseitestellen und im selben Fett das Fleisch rundherum kräftig anbraten. Mit dem Mehl bestäuben und noch einmal anrösten. Dann gießen Sie mit dem Rotwein auf, geben das Bouquet garni, das Tomatenmark, Salz und Pfeffer und so viel Wasser

dazu, dass das Fleisch bedeckt ist. Bei geschlossenem Deckel auf kleiner Flamme 2 ½ bis 3 Stunden kochen, bis das Fleisch fast gar ist. (Die Garzeit hängt vom Alter und der Konsistenz des Fleischs ab.)
Nehmen Sie dann die Fleischstücke heraus und gießen die Sauce durch ein Sieb darüber. Geben Sie alles in eine frische Kasserolle, dazu die Schalotten, den Speck und die geviertelten geputzten Pilze und lassen das Ganze etwa 20 Minuten lang köcheln. Dann fügen Sie das Blut, das Sie vorher mit etwas Essig und Sauce verrührt haben, hinzu. Gut umrühren und zum Kochen bringen. Achten Sie jedoch darauf, dass der Hasenpfeffer nicht zu stark kocht, weil sonst das Blut gerinnt.

Das wachsende Schlankheits- und Diätbewusstsein unserer Zeit hat zu einem Niedergang der Popularität englischer Desserts geführt. Das ist sehr schade, da sie wirklich eine der Stärken der englischen Küche sind. Schließen Sie einfach einen Kompromiss: Genießen Sie Ihr Trifle, Crumble oder Syllabub und machen Sie hinterher einen ausgedehnten Spaziergang, um alles wieder abzuarbeiten.

Trifle
(Biskuitdessert)

Trifle ist eine der köstlichsten englischen Süßspeisen. Es gibt unzählige Variationen davon, darunter auch eine italienische Erfindung namens ›Zuppa inglese‹, die vom Original abstammen soll. Der Begriff Trifle stammt aus dem mittelenglischen *trufle*, das wiederum zurückgeht auf französisch *trufe* und soviel bedeutet wie Kleinigkeit oder Nichtigkeit. Das für meinen Geschmack beste Trifle war das meiner Mutter, das im Unterschied zu den meisten anderen eine Lage roter Früchte in Gelee, d. h. eine Art roter Grütze enthielt, aber leider ist dieses Rezept verloren gegangen. Trifle sieht in einer Glasschüssel am hübschesten aus, weil dann die verschiedenen Lagen schön zur Geltung kommen. Unverzichtbar sind ein mit Sherry oder irgendeinem Dessertwein getränkter Biskuitboden (außer es handelt sich um eine Zubereitung für Kinder), Eiercreme und Schlagsahne. Sie können aber nach Belieben noch Marmelade, Makronen, Obst in Stücken oder püriert oder kandierte Früchte hinzufügen. Ihrer Fantasie sind hier kaum Grenzen gesetzt.

1 Dose Aprikosen
1 Biskuitboden
1 Glas süßer Sherry, Marsala, Malaga oder Madeira
2 EL Stärkemehl
2 EL Zucker
300 ml heiße Milch
3 Eier
1 Tasse zerbröselte Makronen oder anderes Mandelgebäck
600 ml Crème double
½ TL Vanilleessenz
frische oder kandierte Früchte

Lassen Sie die Aprikosen auf einem Sieb abtropfen und pürieren Sie sie anschließend. Den Tortenboden in Streifen schneiden und den Boden einer Glasschüssel damit auslegen. Mit dem Sherry beträufeln und das Aprikosenpüree darauf verteilen.
Für die Eiercreme verrühren Sie das Stärkemehl mit dem Zucker und etwas Milch zu einer cremigen Paste. Stellen Sie diese in ein heißes Wasserbad, gießen Sie die restliche Milch dazu und rühren so lange, bis die Masse dick wird. Dann nehmen Sie den Topf vom Herd und schlagen nacheinander die Eier unter die Creme. Wenn sich alle Zutaten gut vermischt haben, lassen Sie die Masse noch einmal unter ständigem Rühren 10 Minuten lang im Wasserbad köcheln. Die Makronenbrösel

hineingeben, etwas einweichen lassen und dann gründlich untermischen. Verteilen Sie die etwas abgekühlte Eiercreme auf dem Aprikosenpüree und stellen Sie die Schüssel in den Kühlschrank. Kurz vor dem Servieren wird die Crème double mit der Vanilleessenz steif geschlagen und anschließend auf der Eiercreme verteilt. Mit frischen oder kandierten Früchten verziert servieren.

Bei einem anderen Rezept kommen sechs Makronen auf den Boden der Schüssel. Diese werden mit Sherry oder einem anderen Süßwein getränkt. Darauf verteilt man die Eiercreme, dann folgt eine Schicht Himbeermarmelade und zum Schluss eine Lage Syllabub (siehe weiter unten), das mit dem gleichen Wein zubereitet wurde. Dekoriert wird hier mit Zitronat und Orangeat.

Für eine gehaltvollere und noch köstlichere Variante der englischen Eiercreme (Custard) benötigen Sie:

600 ml Sahne
1 EL Reismehl oder Mehl
2 große Eier
2 große Eigelb
Zucker

Bringen Sie die Sahne zum Kochen und gießen Sie sie über die mit dem Reismehl verquirlten Eier und Eidotter. Die Mischung in den Topf zurückgeben und unter Rühren langsam zum Kochen bringen, bis sie ganz dick ist. Nach Geschmack zuckern, über die Makronen oder den Biskuit gießen und auskühlen lassen.

Syllabub

Diese wunderbare Süßspeise – mein absolutes Lieblingsdessert – reicht viele Jahrhunderte zurück. Eine Variante, die sich offenbar bei Märkten auf dem Land großer Beliebtheit erfreute, bestand aus einem Strahl warmer Milch, den eine Magd direkt aus dem Euter in eine Schale mit gewürztem Cider oder Bier molk. Das Ergebnis war ein sauermilchartiger Schaum. Seit damals sind die Zubereitung wie auch die Zutaten beträchtlich verfeinert worden.

Ursprünglich scheint es normal gewesen zu sein, dass ein Teil des Syllabubs schaumig, der andere flüssig war. Im 17. Jahrhundert gab es sogar spezielle Syllabubschalen mit einer Tülle, so dass man den Schaum löffeln und die Flüssigkeit bequem trinken konnte. Heutzutage sorgt Crème double für eine homogene Konsistenz.

110 ml Sherry, Marsala oder Weißwein
2 EL Brandy
Saft und Schale 1 unbehandelten Zitrone
60 g Zucker
300 ml Crème double
Muskatnuss

Sherry, Brandy, Zitronensaft und -schale in eine Schüssel geben und über Nacht ziehen lassen. Am nächsten Tag entfernen Sie die Schale und rühren den Zucker ein, bis dieser sich auflöst. Unter ständigem Rühren gießen Sie langsam auch die Crème double dazu.
Ein wenig Muskatnuss darüber reiben und dann die Masse steif schlagen. Die Konsistenz sollte nicht zu fest sein, da die Creme sonst leicht gerinnt. Auf Portionsschälchen verteilen und kalt stellen (am besten aber nicht in den Kühlschrank). Mit Makronen oder anderem leichtem Mandelgebäck servieren.

Ich muss zugeben, dass einer der besten Syllabubs, die mir je gelungen sind, einfacher zubereitet war. Ich verwendete dafür toskanischen Vin Santo statt Sherry und Brandy, Zitronenschale, aber keinen -saft, weniger Zucker und normale Sahne statt Crème double. Die Creme schmeckte leichter und feiner, auch wenn sie auf dem Grund der Schälchen etwas flüssig war.

Lemon Posset

Lemon Posset ist ein naher Verwandter des Syllabub, es begann seinen Aufstieg vor vielen Jahrhunderten als Mischung aus heißer Milch, entweder Wein oder Bier, Honig und Gewürzen. Es galt als Mittel gegen Erkältungen und andere Beschwerden. Später wurde es schlicht ein kaltes, cremiges Sommerdessert, mit Zitrone oder auch anderen Zitrusfrüchten anstelle von Wein oder Bier. Es erlebt nun ein Revival und wird oft in kleinen Gläsern oder Bechern serviert, die nur ein paar Löffel enthalten. Da es in der Regel nur aus drei Zutaten besteht – Sahne, Zucker und Zitrone – lässt es sich rasch und leicht zubereiten.

Jamie Oliver hat eine etwas komplexere Variante entwickelt, mit einer knusprigen Basis aus gerösteten Mandeln und zerbröselten Keksen, die einen wunderbaren Kontrast zu dem weichen Dessert ergibt.

600 ml Crème double
150 g Zucker
Saft und geriebene Schale von 2 großen Zitronen

Die Crème double und den Zucker in eine Pfanne geben und auf kleiner Flamme langsam zum Kochen bringen. Drei Minuten lang kochen lassen, dann von der Hitze nehmen und abkühlen lassen. Direkt wenn es abgekühlt ist, den Zitronensaft und die geriebene Zitronenschale hinzufügen und verquirlen. Vor dem Servieren für einige Stunden in den Kühlschrank stellen.

Jamies Basis:
50 g blanchierte Mandeln
5 zerkrümelte Kekse
30 g ungesalzene Butter, geschmolzen

Die Mandeln in einer beschichteten Pfanne anrösten, bis sie goldbraun sind, dann abkühlen lassen. Die Mandeln und Kekse in einer Schüssel zerbröseln und die geschmolzene Butter unterrühren. In jedes Glas einen Löffel der Masse auf den Boden geben und herunterdrücken, bis sie fest ist. Eine Weile in den Kühlschrank stellen, um sie noch fester werden zu lassen, anschließend das Lemon Posset hinzugeben und noch einmal in den Kühlschrank stellen.

Gooseberry or Rhubarb Fool
(Stachelbeer- oder Rhabarber-Creme)

Dies ist ein weiteres leckeres Dessert, das sich sehr schnell und leicht zubereiten lässt. Dazu eignet sich fast alles weiche Obst, wobei sich diese beiden altmodischen Früchte (sofern man Rhabarber eine Frucht nennen will) in England der größten Beliebtheit erfreuen. Ich habe herausgefunden, dass es auch mit Kiwis gelingt, wobei Sie diese nicht kochen, sondern nur mit etwas Zitronensaft zerdrücken sollten. Woher der Name Fool (*engl.* Narr) in diesem Zusammenhang kommt, konnte ich allerdings nicht klären.

500 g Stachelbeeren oder Rhabarber
60 g Butter
Zucker

300 ml Crème double
ein Stückchen Zitronenschale

Wenn Sie Rhabarber verwenden, entfernen Sie zunächst die Blätter, die dicken Enden und ziehen die Haut ab. Schneiden Sie die Stangen in etwa 2 Zentimeter lange Stücke. Bei Stachelbeeren zupfen Sie die Blütenreste ab. Dann die Butter in einem Topf schmelzen und den Rhabarber mit der Zitronenschale oder die Stachelbeeren ohne Zitrone hineingeben. Auf keinen Fall Wasser hinzufügen! Bei schwacher Hitze ein paar Minuten köcheln, bis das Obst weich ist. Dann zerdrücken Sie die Früchte oder die Rhabarberstückchen mit einer Gabel. Machen Sie jedoch kein Püree daraus, weil die Konsistenz stückig sein soll. Nach Geschmack zuckern, ohne die Säure völlig zu überdecken. Schlagen Sie dann die Crème double steif und ziehen Sie die Fruchtmasse unter. Gut gekühlt servieren.

Burnt Cream

Dieses Dessert wird meist Crème brûlée genannt, woraus man schließen könnte, dass es französischen Ursprungs sei. Es gibt jedoch überzeugende Hinweise darauf, dass es tatsächlich aus England kommt. Genau genommen ist es eine veredelte Variante der Sahne-Eier-Creme (Custard), die man hierzulande seit Jahrhunderten macht, nur dass sie zusätzlich obenauf mit einer köstlichen Schicht knusprigen, karamellisierten Zuckers versehen ist. Das folgende Rezept stammt von Lady Claire Macdonald of Macdonald, der (englischen) Gattin des Chefs vom Macdonald-Clan. Sie führt das Kinloch Lodge Hotel auf der Isle of Skye und ist eine bekannte Kochbuchautorin. Ich stimme ihrem Urteil zu, wonach es »jede Kalorie wert ist«.

600 ml Crème double
1 Vanilleschote oder ein paar Tropfen Vanilleessenz
6 Eigelb
1 gehäufter EL Zucker
Zucker für das Karamell

Gießen Sie die Crème double in eine Kasserolle mit möglichst dickem Boden oder in einen Wasserbadtopf und geben Sie die Vanilleschote oder -essenz hinein. Langsam erhitzen, bis sich eine Haut bildet. Inzwischen verquirlen Sie das Eigelb mit einem Esslöffel Zucker. Nun gießen Sie die kochend heiße Crème double unter Rühren zu den Eidottern und geben dann alles zusammen wieder in die Kasserolle. Bei ganz kleiner Flamme und unter ständigem Rühren erhitzen, bis die Masse die Rückseite eines Holzkochlöffels überzieht. Das dauert ein bisschen, etwa 7 bis 10 Minuten. Aber diese Zeit müssen Sie sich nehmen, denn wenn Sie die Flamme höher drehen, gerinnt das Ei. Wenn die Creme die richtige Konsistenz hat, gießen Sie sie durch ein Sieb in eine flache ofenfeste Schüssel.
Mehrere Stunden oder über Nacht an einen kühlen Ort stellen. An der Oberfläche bildet sich dabei eine Haut. Diese bestreuen Sie nun mit so viel Zucker, dass die ganze Creme gleichmäßig davon bedeckt ist. Heizen Sie dann den Grill Ihres Backofens vor und stellen Sie die Schale darunter. Achten Sie genau darauf, wann der Zucker zu schmelzen beginnt. Wenn er goldfarben und flüssig ist, nehmen Sie die Schüssel aus dem Ofen und stellen sie an einen kühlen Ort. Das Karamell wird dabei fest und bildet eine glatte Fläche, die an Glas erinnert.

Quaking Pudding

Ein anderer Pudding, den man ebenfalls bereits vor langer Zeit – tatsächlich im Mittelalter – zubereitet hat, ist ein warmer Pudding, genannt Quaking Pudding, so genannt, weil er weich ist und wackeln (aber nicht einfallen) sollte, wenn man ihn aus dem Ofen nimmt. Heston Blumenthal hat hart daran gearbeitet, ihn wiederzubeleben. Das war eine schwierige Aufgabe, denn die historischen Rezepte machten wenig detaillierte Angaben. In seiner Kochkolumne im ›Guardian‹ sagte er, dass er und sein Team über 50 Varianten ausprobiert haben, bis sie das Gefühl hatten, es sei nun perfekt. Sein Ziel war, »etwas zu kreieren, das die Textur einer warmen Crème brûlée mit der von Wackelpudding kombiniert«. Man braucht:

Mehrere Puddingförmchen oder andere kleine Schalen
Butter und Mehl für die Puddingschalen
100 ml Milch (normalfett)
400 ml Schlagsahne
65 g Zucker
4 Eigelb
1 ganzes Ei
¼ TL Muskatnuss
¼ TL Zimt

Den Ofen auf 90 °C aufheizen. Fetten Sie die Puddingförmchen mit Butter und bestäuben Sie sie mit ein wenig Mehl. Erwärmen Sie Milch, Sahne, Muskatnuss und Zimt in einem Topf. Dabei muss man darauf achten, dass die Milch nicht zu heiß wird, dies würde die Eier gerinnen lassen. Während sich die Milch erwärmt, vermischen Sie die Eigelbe, das ganze Ei und Zucker in einer Schüssel. Schütten Sie die warme Milch über die Eier-Zucker-Mischung und rühren Sie, damit sich alle Zutaten miteinander verbinden. Geben Sie die Mischung dann in die Puddingförmchen, verschließen Sie diese mit den Deckeln und stellen Sie sie in ein Wasserbad in den vorgeheizten Ofen. Ungefähr 50 Minuten lang garen lassen – oder bis die Puddings 85 °C erreichen (man sollte das Innere des Puddings mit einem digitalen Thermometer prüfen). Aus dem Ofen nehmen und die Puddings vorsichtig auf einzelne Teller stürzen. Direkt servieren.

Apple Crumble
(Apfelstreusel)

Crumble war eine der absoluten Lieblingsspeisen in unserer Familie, egal ob mit Apfel, Rhabarber, Pflaumen oder was auch immer. Diese Süßspeise ist schnell zubereitet und schmeckt am besten mit Schlagsahne.

700 g Äpfel, geschält, entkernt und in Scheiben geschnitten
110 g brauner Zucker
abgeriebene Schale einer Zitrone
etwas Wasser
80 g Butter
175 g Vollkornweizenmehl
75 g brauner Zucker
¼ TL geriebener Ingwer

Kochen Sie die Apfelscheiben zusammen mit den 110 Gramm braunem Zucker und der Zitronenschale in wenig Wasser weich. Verteilen Sie die Scheiben dann in einer ausgebutterten feuerfesten Form. Dann aus Butter, Mehl, Zucker und Ingwer mit den Fingern rasch Streusel kneten. Verteilen Sie diese auf den Äpfeln und geben Sie die Form in den auf 170 °C (Gas Stufe 3) vorgeheizten Ofen. Nach etwa ½ Stunde sollten die Streusel goldbraun sein. Mit Schlagsahne servieren.

Lemon Meringue Pie
(Zitronen-Baiser-Pastete)

Meine vielleicht früheste, aber auf jeden Fall eine unvergessliche Gourmet-Erfahrung ist der Lunch im »Crown«, einem zauberhaften alten Gasthaus im selben Dorf, wo sich auch mein Internat befand. Wenn unsere Eltern uns zweimal pro Trimester besuchen kamen, führten sie uns – weil uns die entsetzliche Schulspeisung schon zum Hals heraushing – oft zum Lunch ins »Crown«. An der einen Seite des Speisesaals stand ein altes Sideboard aus Eichenholz, das sich unter der Last der himmlischsten Desserts zu biegen schien. Da gab es Trifles, Pies, Puddings, Flans, Meringuen, Obstsalate, Mousses – allesamt großzügig mit herrlicher Schlagsahne bedeckt. Das alles hatte die sympathische Wirtin im Hinblick auf uns Schulmädchen zubereitet. Für uns war es das Paradies, und gleich nach dem Fleischgang wurden wir auf das Dessertbuffet losgelassen.

Eine meiner Leibspeisen im »Crown« war und ist bis heute der Lemon Meringue Pie. Er besteht aus drei verschiedenen Komponenten, die sich auf das Beste ergänzen: einem Teigboden, einer säuerlich zitronigen Füllung und einer leichten Baiserdecke. Man kann dieses Dessert heiß oder kalt genießen.

Für den Teigboden:
110 g Mehl
25 g Margarine
25 g Schmalz

Das Mehl auf ein Backbrett sieben und Margarine und Schmalz in Flöckchen darauf verteilen. Mit einem Messer vermengen, dann mit den Fingern zu einem glatten, weichen Teig kneten. Wenn nötig etwas Wasser dazugeben. Den fertigen Teig im Kühlschrank etwa 20 Minuten lang kalt stellen.

Danach etwa 1 bis 2 Zentimeter dick ausrollen und eine Pieform damit auskleiden. Achten Sie darauf, dass sich dabei keine Blasen bilden. Im vorgeheizten Ofen bei 190 °C (Gas Stufe 5) etwa 20 Minuten lang backen.

Für die Füllung:
50 g Zucker
3 gestrichene EL Speisestärke (Maisstärke)
275 ml kaltes Wasser
Saft und abgeriebene Schale von 2 großen, unbehandelten Zitronen
2 große Eigelb
40 g Butter

Geben Sie den Zucker und die Speisestärke in eine Schüssel. So viel Wasser unterrühren, dass eine cremige Paste entsteht. Das restliche Wasser mit der Zitronenschale in einen Topf geben und aufkochen, dann heiß zur Mehl-Zucker-Mischung geben und glatt rühren. Die Masse zurück in den Topf geben, erneut zum Kochen bringen und 1 Minute auf kleiner Flamme ziehen lassen. Dabei ständig umrühren, damit nichts am Topfboden ansetzt. Nehmen Sie den Topf dann vom Herd und schlagen Sie die Eidotter, den Zitronensaft und zum Schluss die Butter unter. Die Masse auf den fertigen Pastetenboden gießen und glatt streichen.

Für die Baiserdecke:
2 große Eiweiß
110 g Zucker

Das Eiweiß in einer großen Schüssel schnittfest schlagen, dabei nach und nach den Zucker einrieseln lassen. Den Schnee gleichmäßig auf der Zitronenfüllung verstreichen, so dass diese vollständig bedeckt ist. Sie können den Eischnee auch mit einem Spritzbeutel auf-

tragen und damit Muster oder Verzierungen machen.
Bei schwacher Hitze (150 °C, Gas Stufe 2) 45 Minuten lang backen. Die Baisermasse sollte außen hellbeige und knusprig, innen aber noch weich sein.

Queen of Puddings

Dieser leichte, süße Auflauf wird mit Baisermasse überbacken.

100 g frische Weißbrotkrumen
600 ml Milch
50 g Butter
abgeriebene Schale einer unbehandelten Zitrone
50 g Zucker
6 Eigelb
4 Eiweiß
225 g Zucker
Himbeermarmelade

Verteilen Sie die Weißbrotkrumen in einer ausgebutterten feuerfesten Form. Dann kommen die Milch, die Butter und die Zitronenschale in einen Topf. Bringen Sie die Milch langsam zum Kochen, damit sie das Zitronenaroma annimmt. Die 50 g Zucker in der Milch auflösen und schließlich nach und nach das verquirlte Eigelb dazugeben. Dann gießen Sie die Flüssigkeit über die Brotkrumen und backen das Ganze bei 200 °C (Gas Stufe 6) etwa 25 Minuten lang im vorgeheizten Ofen.
Erst kurz bevor der Auflauf fertig ist, schlägt man das Eiweiß schnittfest, wobei man die 225 g Zucker langsam einrieseln lässt. Alles Weitere können Sie exakt so timen, dass der Auflauf genau zum Abschluss des Essens fertig ist.
Kurz bevor Sie mit dem Hauptgang beginnen, bestrei-

chen Sie den Auflauf mit leicht erwärmter Himbeermarmelade und anschließend mit der Baisermasse. Den Backofen auf 140 °C (Gas Stufe 1) zurückschalten und den Auflauf hineinstellen. Am Ende des Hauptgangs sollte das Baiser fertig sein. (Sicherheitshalber würde ich aber ein- bis zweimal nachsehen gehen, damit die Baiserdecke nicht zu dunkel wird.)

Summer Pudding

Dieses Dessert erfreut sich – wie der Name schon sagt – besonders im Sommer größter Beliebtheit.

1 kg Himbeeren oder schwarze Johannisbeeren oder eine Mischung aus Himbeeren, roten Johannisbeeren und Brombeeren
250 g Zucker
Kastenweißbrot vom Vortag

Geben Sie die verlesenen und gewaschenen Beeren mit dem Zucker in eine Schüssel und lassen Sie sie über Nacht durchziehen. Am nächsten Tag geben Sie die Früchte in einen Topf, bringen sie zum Kochen und lassen sie auf kleiner Flamme 2 bis 3 Minuten köcheln. Dabei sollte sich eine Menge Saft bilden. Nach Geschmack können Sie jetzt auch noch mehr Zucker hinzufügen.
Das Brot in 1 cm dicke Scheiben schneiden und die Rinde entfernen. Bedecken Sie mit einer kreisförmigen Scheibe den Boden einer 1,5-Liter-Schüssel und legen Sie den Rand mit weiteren Brotscheiben aus. Achten Sie darauf, dass keine Lücken offen bleiben, sondern füllen Sie diese mit kleineren Brotstückchen. Dann kommt die Hälfte der Früchte und des Safts in die Form. Darüber legen Sie wieder eine Scheibe Brot und füllen das

restliche Obst ein. Die letzte Schicht bilden eine oder zwei Lagen Brot. Decken Sie alles mit einem passenden Teller ab, den Sie mit ein paar Dosen oder Küchengewichten beschweren. Über Nacht oder auch ein paar Tage lang in den Kühlschrank stellen. (Falls das Brot nicht vollständig mit Saft durchtränkt ist, kochen Sie noch etwas Obst auf und gießen Sie die Flüssigkeit auf die weißen Stellen.) Vor dem Servieren fahren Sie mit einem Messer am oberen Rand der Schüssel entlang, legen eine Servierplatte über die Schüssel und stürzen den Pudding mit einer schnellen Bewegung. Die Form vorsichtig abnehmen. Servieren Sie reichlich gesüßte Schlagsahne dazu, weil die Speise relativ sauer ist.

Ein englisches Dinner wird nach dem Dessert eventuell noch mit Käse und Crackern abgeschlossen. Bei einem formelleren Essen oder in einem ultrakonservativen Haushalt kann es aber durchaus noch vorkommen, dass die Gastgeberin aufsteht und lächelnd, aber entschlossen zu den anderen anwesenden Damen sagt: »Sollten wir uns nicht vielleicht die Nasen pudern gehen?« Daraufhin weigern sich nur die tapfersten Ladies den Raum zu verlassen.

Ich fürchte, das ist das Relikt einer uralten Stammessitte, wonach sich die Männer bei Portwein und Zigarren zusammensetzten, um »ernste« Angelegenheiten zu besprechen, die angeblich nichts für die hübschen Köpfchen der Damen waren (oder einfach, um obszöne Geschichten zum Besten zu geben). Die Damen restaurierten inzwischen ihr Make-up, tauschten den neuesten Klatsch aus und beklagten sich über das Personal und die Kinder.

Welchen Sinn das Ganze in der Vergangenheit auch immer gehabt haben mag – die Sitte ist nicht nur überholt, sondern in einem Land, das schon Frauen als Premierminister, Minister, Zeitungsherausgeber, Dirigenten und in praktisch allen anderen Führungspositionen gesehen hat, eine regelrechte Beleidigung. Als sie einmal gefragt wurde, wie sie in einer solchen Situation reagiert hätte, antwortete Barbara Castle, eine kampflustige ehemalige Ministerin der Labour Party, knapp: »Wenn ich den Raum verlassen soll, kann ich auch gleich das Haus verlassen.« Ich habe von einer Reihe von Botschaftern gehört, deren Karrieren ruiniert waren, nachdem eine junge Staatssekretärin des Außenministeriums bei Botschaftsessen derselben Behandlung unterzogen worden war. Bei manchen Anlässen hat sich jedoch dieses Ritual bis heute erhalten. So bleibt zwar bei offiziellen Banketten die Queen als Staatsoberhaupt bis zum Ende auf ihrem Platz sitzen. Soweit ich weiß, ziehen sich jedoch bei privaten Dinners die königlichen Damen in einen Salon zurück, um die Männer bei Port und Zigarren sich selbst zu überlassen. Nach einer angemessenen Frist ist es beiden Geschlechtern erlaubt, bei Kaffee und Pralinen wieder zueinanderzustoßen.

Das Vermächtnis Indiens

Eine der merkwürdigsten und dauerhaftesten Hinterlassenschaften der vierhundertjährigen Beziehungen zwischen Großbritannien und Indien findet man in der englischen Küche. Vom Beginn des 17. Jahrhunderts an wurden Gewürze, Saucen, Relishes und Rezepte aus Indien importiert, sie belebten die einheimische Küche und wurden immer beliebter. Zu den Liebhabern der indischen Küche gehörten auch Mitglieder der königlichen Familie, insbesondere Königin Victoria. Letztere hatte, wie es ihrem Rang als Kaiserin von Indien und große weiße Mutter des britischen Empire in seinen besten Zeiten gebührte, in ihrer Küche zwei indische Köche, die tagtäglich Curry zubereiteten, egal, ob sie davon aß oder nicht. Ihr Enkel, George V., aß fast jeden Tag Curry zum Lunch. Heute sind Tausende von indischen Restaurants – manche davon wahrhaft exzellent, andere weniger – übers ganze Land verstreut, und in den großen Supermärkten werden exotische Gewürze, Saucen und andere Lebensmittel in solcher Fülle angeboten, dass man sich manchmal fragt, in welchem Land man sich überhaupt befindet. Doch während all das in den Augen der Europäer orientalisch erscheint, befremden einen Neuankömmling aus Indien viele der vermeintlich indischen Produkte. Denn die Küche der britisch-indischen Herrscher war ein seltsamer Zwitter, teils indisch, teils britisch und absolut untypisch für beide Kulturen.

Das auffallendste Beispiel dieser merkwürdigen Ehe ist das allgegenwärtige Currypulver. Kein indischer Koch, der etwas auf sich hält, würde auch nur im Traum auf die Idee kommen, eine fertige Gewürzmischung zu verwenden. Stattdessen werden die Gewürze ausgewählt, frisch gemahlen und

nach den Anforderungen des jeweiligen Gerichts und den persönlichen Vorlieben des Kochs gemischt. Indische Puristen vertreten sogar die Ansicht, dass die Verbreitung des Currypulvers in der ganzen Welt dem Ansehen der indischen Küche geschadet habe. Solche Bedenken waren den englischen Kolonialherren fremd, die um das 17. Jahrhundert herum begannen, Mischungen von ihren Köchen oder Lieferanten zusammenstellen zu lassen und diese nach England mitzunehmen oder zu schicken. Sogar die Bezeichnung Curry ist ein wenig bedenklich. Man vermutet, dass sie vom tamilischen Wort Kari kommt, das einfach nur ein Oberbegriff für Sauce ist. Currypulver besteht aus Koriander, Bockshornkleesamen, Ingwer, Kurkuma, Kreuzkümmel, Pfeffer und Cayennepfeffer in unterschiedlichen Anteilen, dazu kommen noch geringe Mengen anderer Gewürze. In Großbritannien wird pro Jahr Currypulver im Wert von etwa 5 Millionen Pfund konsumiert. In britischen Curry-Restaurants werden davon pro Jahr 1,66 Milliarden pounds verpulvert. Man serviert 2,5 Millionen Mahlzeiten pro Woche, womit 70 000 Köche und Kellner beschäftigt sind, von denen die meisten aus Indien stammen.

Es gibt natürlich zahllose Curry-Rezepte, aber dieses hier leistet mir seit Jahren gute Dienste:

Chicken Curry
(Hühnercurry)

1 Huhn, in größere Stücke zerteilt
1 Zwiebel
1 Knoblauchzehe
1 EL Mehl
1 EL Currypulver
¼ TL Ingwer
¼ TL Kurkuma
1 Msp scharfes Paprikapulver
1 Msp Cayennepfeffer
2 EL Butter
Salz
1 TL Zucker
1 EL Chutney
280 ml Hühnerbrühe
Saft von ½ Zitrone
6 EL Crème double (nach Wunsch)
gekochter Reis

Lösen Sie, so gut es geht, die Haut vom Hühnerfleisch ab. Zwiebel und Knoblauch fein hacken. Reiben Sie nun die Fleischstücke mit einer Mischung aus Mehl, Currypulver und den übrigen Gewürzen ein. Die Butter in einer Kasserolle schmelzen und das Fleisch zusammen mit der Zwiebel und dem Knoblauch darin rundherum goldbraun anbraten. Salzen und den Zucker sowie das Chutney hinzufügen. Gießen Sie ein wenig Brühe an und lassen Sie das Ganze bei mittlerer Hitze kochen. Zwischendurch umrühren und bei Bedarf noch etwas Butter dazugeben. Dann gießen Sie die restliche Brühe in den Topf und füllen ihn mit so viel Wasser auf, dass das Fleisch bedeckt ist. Zugedeckt bei kleiner Flamme köcheln lassen, bis das Fleisch gar ist. Fügen Sie am Schluss den Zitronensaft und die Crème double hinzu, arrangieren Sie das Fleisch auf einer vorgewärmten Platte und gießen Sie die Sauce darüber. Mit gekochtem Reis servieren.

Eine andere Erinnerung an Britisch-Indien ist die Worcestershire-Sauce, die trotz ihres ultraenglischen Namens eigentlich eine indische Spezialität ist. Das Rezept wurde nach Angaben des Herstellers von Lord Marcus Sandys, einem früheren Gouverneur von Bengalen, mit nach Hause gebracht. Im Jahre 1835 bat dieser die Apotheker John Lea und William Perrins aus Worcester, die Sauce für ihn zu mixen, das Ergebnis war jedoch so ungenießbar scharf, dass man die Behälter in einen Keller schaffte und erst einmal dort vergaß. Als man sie mehr als ein Jahr später wieder entdeckte, war die Mixtur zu einer köstlichen Sauce gereift. Die Herren Lea und Perrins kauften umgehend das Rezept und erwirtschafteten ein Vermögen als einzige Lieferanten der »original echten« Worcestershire-Sauce – zweifellos die beliebteste Sauce Englands. Das Rezept ist selbstverständlich bis zum heutigen Tage geheim, aber es enthält Essig, Melasse, Zucker, Salz, Tamarinden, Schalotten, Knoblauch, Anchovis und ausgewählte Gewürze.

Chutney, auf Hindi »chatni«, war ebenfalls ein Riesenerfolg bei den Kolonialherren und den gewöhnlichen englischen Pickles klar überlegen. Die Engländer passten die Rezepte ihrem Geschmack und, nach Hause zurückgekehrt, auch den Produkten ihrer englischen Küchengärten an. Auch wenn Mango-Chutney der König unter den Chutneys bleibt, gibt es auch Apfel-, Tomaten-, Kürbis- und sonstige Chutneys. Und während man es in Indien zu scharf gewürzten heißen Speisen isst, bildet es in England meist eine Beilage zu kaltem Fleisch. Sie können Chutney natürlich fertig im Laden kaufen, aber für die Abenteuerlustigen sei hier ein Rezept nach dem neuseeländischen Kochbuchautor David Burton vorgestellt, der unter anderem das ausgezeichnete und einzigartige Buch ›The Raj at Table‹ verfasst hat – eine Quelle faszinierender Informationen über diese ungewöhnliche kulinarische Symbiose.

Mango Chutney

1 kg Mangos
650 g Zucker
50 g Ingwer
25 g Knoblauch
50 g getrocknete Chilis ohne Kerne
220 g Rosinen
75 g Salz
750 ml Essig

Die Mangos schälen und in Scheiben schneiden. Dann rühren Sie aus dem Zucker und wenig Wasser einen dicken Sirup an. Die Hälfte des frischen Ingwers zerdrücken, den Rest in dünne Scheibchen schneiden. Die Rosinen waschen und abtropfen lassen. Pressen Sie den Knoblauch in den Essig und brechen Sie die Hälfte der Chilis in kleine Stückchen, der Rest kommt zerstoßen in den Essig. Kochen Sie nun die Mangoscheiben im Sirup, bis dieser eindickt. Nun kommen alle übrigen Zutaten (bis auf die Rosinen) dazu. Lassen Sie die Mischung noch weitere 15 Minuten kochen, fügen Sie dann die Rosinen hinzu und stellen Sie das Chutney kalt.

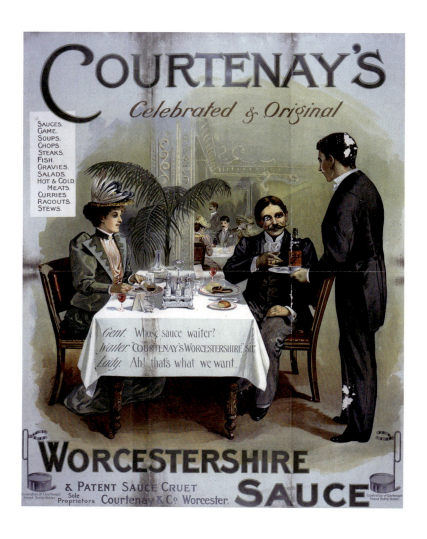

Wenn Sie einen Inder fragen würden, wie er Kedgeree zubereitet, würde er Sie wahrscheinlich ansehen, als hätten Sie den Verstand verloren. Dabei ist Kedgeree ein wohlschmeckendes und vielseitiges Gericht, das ebenfalls auf seltsamen Wegen aus Indien zu uns gefunden hat. Das Originalgericht namens Kichri war ein traditionelles Essen aus Reis und Dal

(Linsen), das mit einer Vielzahl von Gewürzen gekocht wurde, und das britische Beamte früher zum Frühstück aßen. Im Laufe der Jahrhunderte hat sich daraus etwas völlig anderes entwickelt, und obwohl es unzählige Variationen gibt, besteht Kedgeree für gewöhnlich aus Reis, geräuchertem Fisch und gekochten Eiern, Currypulver je nach Geschmack. Man kann es heiß essen, obwohl ich persönlich es kalt bevorzuge. Es ist die ideale Frühstücksspeise, passt aber ebenso gut zu Mittag oder am Abend. Mit geräuchertem Schellfisch gelingt es am besten, aber wenn Sie den nicht bekommen, tut es auch jeder andere geräucherte oder nicht geräucherte Fisch. In letzterem Fall sollten Sie vielleicht etwas mehr Curry nehmen.

Kedgeree

350 g geräucherter Schellfisch (wenn Schellfisch nicht zu bekommen ist, kann man Räucherhering oder auch weißen Fisch wie Kabeljau verwenden, aber geräucherter Schellfisch ist das Beste hierfür)
175 g Reis (am besten Vollwertreis)
2 Eier
1 EL Butter
1 TL Currypulver
Salz
Pfeffer
Sahne nach Geschmack

Geben Sie den Fisch in einen Topf und bedecken Sie ihn mit kochendem Wasser. 5–10 Minuten köcheln lassen, dann das Wasser abgießen und auffangen. Kochen Sie den Reis im gesalzenen Fischwasser (bei Bedarf mit normalem Wasser aufgießen), bis er gar ist und alles Wasser aufgesogen hat. Inzwischen die Eier hart kochen, schälen und hacken. Den Fisch ebenfalls zerkleinern. Dann mischen Sie den Reis gründlich mit den Eiern, dem Fisch und dem Currypulver. Nach Geschmack salzen und pfeffern und eventuell einen Becher Sahne unterrühren.

Eine andere Lieblingsspeise der britisch-indischen Kolonialherren war Country Captain, ein pikantes Hühnergericht, bei dem der Ursprung des Namens leider ungeklärt ist. Dies ist eines von ein paar anglo-indischen Gerichten, die man neben echt indischen Spezialitäten in »Chutney Mary's«, einem ausgezeichneten Restaurant auf der Fulham Road in London, bekommt. In der einfachsten Version besteht es aus frittierten Zwiebeln, Kurkuma und Chilischoten, zu denen man das Hühnchen gibt und gar brät. Hier eine etwas verfeinerte Variante:

Country Captain

1 großes Brathähnchen
125 g Butter
3 große Zwiebeln
5 gepresste Knoblauchzehen
2 TL frisch geriebener Ingwer
1 TL Kurkuma
2 TL frisch gemahlener schwarzer Pfeffer
¾ TL fein gehackte frische grüne oder rote Chilischote
2 zerdrückte Gewürznelken
175 ml Hühnerbrühe oder Wasser
Saft von ½ Zitrone
Salz
Öl zum Frittieren
rote oder grüne Chilischoten zum Garnieren

Zerlegen Sie das Hähnchen in acht Teile und entfernen Sie von diesen alles sichtbare Fett. Dann wird das

Fleisch in der Butter von allen Seiten braun angebraten. Danach nehmen Sie die Hähnchenteile wieder aus dem Topf und stellen sie beiseite. In die verbliebene Butter geben Sie nun 2 in feine Scheiben geschnittene Zwiebeln, den Knoblauch und den Ingwer und braten alles so lange, bis es Farbe annimmt. Kurkuma, Pfeffer, Chili und Nelken hinzugeben und unter Rühren noch ein paar Minuten weiterbraten. Dann kommt das Fleisch zurück in den Topf. Gießen Sie mit so viel Brühe wie nötig auf und lassen Sie das Ganze etwa 20 Minuten lang köcheln, bis das Fleisch weich ist. Falls nötig zwischendurch nochmals Brühe oder Wasser angießen, damit das Fleisch sich nicht am Topfboden anlegt. Mit Zitronensaft und Salz abschmecken.

Zum Schluss schneiden Sie die verbliebene Zwiebel in Ringe und frittieren diese in heißem Öl knusprig braun. Zusammen mit klein geschnittenen Chilischoten auf dem angerichteten Fleisch servieren.

Die Engländer scheuten sich auch nicht, pseudo-indische Speisen zu erfinden, die es auf dem Subkontinent nie gegeben hat. Eine davon ist ein Relish namens Piccalilli, eine leuchtend gelbe, pikant süß-saure Mischung, abgestimmt auf englisches Gemüse. Sie tauchte im 18. Jahrhundert auf, und der Ursprung ihres Namens ist ungewiss; es könnte sich allerdings um eine Verballhornung des Worts Pickles handeln. Ein weiteres Fantasieprodukt ist die Mulligatawny Soup. Bevor die Briten in Indien auftauchten, kannten die Inder Suppe als eigenständiges Gericht überhaupt nicht. Und weil die Briten es trotz der Hitze einfach nicht ohne aushielten, entwickelte man eine Suppe dieses Namens, der sich vom tamilischen Milakutanni herleitet, was so viel heißt wie Pfefferwasser. Später kam auch Fleisch dazu und heute handelt es sich eher um eine Art Eintopf.

Die kulinarische Ehe zwischen Briten und Indern endete nicht mit der indischen Unabhängigkeit, sondern feiert bis heute fröhliche Urständ. Wie bereits erwähnt, ist einer Umfrage zufolge Chicken Tikka Masala – egal, ob im Restaurant gegessen, fertig im Supermarkt gekauft oder von einem der vielen indischen Take-aways geliefert – das beliebteste Gericht in Großbritannien. Schenken Sie Behauptungen, wonach es sich hier um eine uralte indische Spezialität handeln soll, keinen Glauben – um das Jahr 1980 herum hat es sich ein namenloser indischer Koch in London ausgedacht. Er oder sie nahm einfach Chicken Tikka, ein traditionelles Rezept für mariniertes Hühnchen, würfelte das Fleisch und übergoss es mit einer gehaltvollen, würzigen Masala-Sauce. Das Resultat war ein Hit. Inzwischen werden pro Jahr in Großbritannien etwa 30 Millionen Portionen davon verkauft.

Chicken Tikka Masala

Für das Chicken Tikka:
750 g Hähnchenbrust oder anderes Hühnerfleisch ohne Knochen
½ gehackte Zwiebel
60 g Tomatenmark
1 EL Kreuzkümmel
1 kleines Stück (etwa 2,5 cm) Ingwerwurzel, frisch gerieben
3 EL Zitronensaft
2 Knoblauchzehen
2 TL Chilipulver
Salz, Pfeffer

Für die Masala-Sauce:
2 EL Ghee (geklärte indische Butter) oder ersatzweise Pflanzenöl
1 Zwiebel, in Scheiben geschnitten
1 EL schwarze Zwiebelsamen
3 gepresste Knoblauchzehen

2 frische grüne Chilischoten, fein gehackt
200 g Dosentomaten
120 ml Joghurt
120 ml Kokosmilch
1 EL gehackter frischer Koriander
1 EL frische Minze
2 EL Zitronen- oder Limettensaft
½ TL Garam Masala

Das Hühnerfleisch in etwa 4 cm große Würfel schneiden. Geben Sie die Zwiebel, das Tomatenmark, Kreuzkümmel, Ingwer, Zitronensaft, Knoblauch, Chilipulver sowie Salz und Pfeffer in einen Mixer und gießen Sie die Mischung dann in eine Schüssel. Das Fleisch darin einlegen und 2 Stunden lang marinieren.
Für die Sauce das Ghee oder Pflanzenöl in einer großen Kasserolle erhitzen. Die Zwiebel hineingeben und bei mittlerer Hitze 5 Minuten dünsten. Dann kommen Zwiebelsamen, Knoblauch und Chili dazu. Wenn die Gewürze zu duften beginnen, fügen Sie die Tomaten, den Joghurt und die Kokosmilch hinzu. Das Ganze einmal aufkochen und dann 20 Minuten lang köcheln lassen.
Inzwischen das marinierte Fleisch gleichmäßig auf 8 eingeölte Spieße verteilen und unter dem vorgeheizten sehr heißen Grill unter häufigem Wenden 15 Minuten lang garen. Anschließend kommt das Fleisch von den Spießen in die Sauce. Mit Koriander, Minze, Zitronensaft und Garam Masala würzen.

Ein besonderer Meilenstein in dieser anglo-indischen kulinarischen Beziehung war der 2. Juni 1956, als Königin Elizabeth II. in Westminster Abbey gekrönt wurde. Das Programm jenes Tages war sehr voll und umfasste die lange, kunstvolle und prächtige Zeremonie in Westminster Abbey am Morgen sowie einen Triumphzug durch die Straßen von

London am Nachmittag. Ein Problem war, wie man darin ein Mittagessen unterbringen sollte, und die künftige Königin entschied, mit einem kalten, leichten Sommergericht für die königliche Gesellschaft Zeit und Aufwand zu sparen, da dieses in der Abtei eingenommen werden konnte, bevor man sich ins Nachmittagsprogramm stürzte. Die Kochschule ›Cordon Bleu‹ wurde beauftragt, einen Lunch zusammenzustellen, und unterbreitete folgenden Rezeptvorschlag für kaltes Huhn in einer leichten Currysauce. Das als Krönungshuhn bezeichnete Gericht ist in Großbritannien nach wie vor äußerst beliebt und hat eine Vielzahl von oft schlichteren Variationen hervorgebracht. Es ist übrigens ein ideales Sommergericht.

Coronation Chicken ist nicht das einzige Geflügelgericht, das eine Verbindung zu großen royalen Feierlichkeiten hat. Man nimmt an, dass etwas Ähnliches, aber Einfacheres – eine Mischung aus Hühnchen, Mayonnaise und Curry – beim silbernen Thronjubiläum des Großvaters der heutigen Queen, König George V., 1935 serviert wurde. Und als die Queen ihr goldenes Thronjubiläum 2002 feierte, veröffentlichte der Buckingham Palace auf seiner Homepage ein offizielles Rezept für »The Queen's Golden Jubilee Chicken«. Zu ihrem diamantenen Thronjubiläum 2012 gab es kein offizielles Rezept, aber wohl nahezu jeder Koch im Lande erfand sein eigenes. Hier nun also drei royale Hühnchengerichte, das zum diamantenen Thronjubiläum stammt von Jamie Oliver.

Coronation Chicken (1953)
(Krönungshuhn)

Für 6-8 Personen:
Für das Huhn:
2 kleine Brathühnchen

1 Karotte in Scheiben geschnitten
1 Bouquet garni
1 Prise Salz
3-4 Pfefferkörner
Wasser
ca. 0,2 l Weißwein

Für die Currysauce:
1 EL Öl
60 g fein gehackte Zwiebeln
1 geh. TL mildes oder mittelscharfes Currypulver
1 gestr. EL Tomatenmark
0,2 l Rotwein
$\frac{1}{8}$ l Wasser
1 Lorbeerblatt
Salz
Zucker
Pfeffer
2 Zitronenscheiben
1 Spritzer Zitronensaft
450 ml Mayonnaise
2 EL Aprikosenpüree
2-3 EL halbsteif geschlagene Crème double
ein wenig geschlagene Sahne zum Verzieren

Kochen Sie die Hühnchen mit den Karottenscheiben, dem Bouquet garni, Salz und den Pfefferkörnern in Wasser und ein wenig Wein (die Flüssigkeit sollte das Fleisch nur knapp bedecken). Wenn das Hühnerfleisch nach etwa 40 Minuten gar ist, lassen Sie es in der Kochflüssigkeit auskühlen und zerlegen es dann. Haut und Knochen sorgfältig entfernen und das Fleisch in mundgerechte Stücke schneiden.
Für die Sauce erhitzen Sie das Öl in einer großen Kasserolle, geben die Zwiebel hinein und dünsten sie 3 bis 4 Minuten lang an. Nun kommt das Currypulver dazu

und wird 1 bis 2 Minuten miterhitzt. Geben Sie dann Tomatenpüree, Wein, Wasser sowie das Lorbeerblatt in den Topf und lassen Sie alles einmal aufkochen. Mit Salz, Zucker und Pfeffer abschmecken und die Zitronenscheiben sowie den -saft hineingeben. Die Sauce 5 bis 10 Minuten bei kleiner Flamme köcheln lassen, danach abseihen und kalt stellen.

Später die gekühlte Flüssigkeit nach und nach unter die Mayonnaise rühren, anschließend das Aprikosenpüree untermengen. Nach Geschmack nachwürzen und eventuell noch etwas Zitronensaft hinzufügen. Zum Schluss das Hühnerfleisch und die geschlagene Crème double unterheben. Das Krönungshuhn kühl, aber nicht eiskalt servieren.

Dazu gibt es Reissalat, den Sie aus nicht zu weich gekochtem Reis, gekochten Erbsen, rohen Gurkenwürfeln, fein gehackten gemischten Kräutern und einer würzigen Sauce vinaigrette zubereiten.

Anmerkung: Um Zeit zu sparen, können Sie auch fertiges Brathähnchenfleisch verwenden.

Diese Sauce passt übrigens auch hervorragend zu Truthahn und Hummer.

The Queen's Golden Jubilee Chicken
(offizielles Rezept)

4 Hühnerbrustfilets, ca. 500 g insgesamt
Salz
Frisch gemahlener schwarzer Pfeffer
Frisch geriebene Muskatnuss
2 EL Olivenöl
1 Bund glatte Petersilie
1 Limone, geviertelt

Für die Marinade:
Saft und geriebene Schale einer halben Limone
3 cm frischer Ingwer, geschält und gerieben
1 zerdrückte Knoblauchzehe
1 Schalotte, fein gehackt
2 EL Olivenöl

Für das Dressing:
100 ml Crème fraîche
6 EL Mayonnaise
Saft und geriebene Schale einer halben Limone
5 cm frischer Ingwer

Die Zutaten für die Marinade in einer flachen Schale mischen. Die Hühnerbrustfilets hinzugeben und darin wenden, so dass sie von allen Seiten bedeckt werden. Abdecken und 2-3 Stunden kühl stellen.
Für das Dressing geben Sie Crème fraîche, Mayonnaise, Limonensaft und geriebene Limonenschale in eine Schüssel. Schälen und reiben Sie den Ingwer, dann drücken Sie ihn in ein dünnes Tuch oder pressen ihn durch ein Sieb, um den Saft zu erhalten. 2 Eßlöffel Saft zum Dressing geben. Umrühren, bedecken und kühl stellen, damit sich alle Aromen entwickeln können.
Kratzen Sie die Marinade vom Hühnchen ab und tupfen Sie es mit Küchenpapier trocken. Würzen Sie das Hühnchen mit Salz, Pfeffer und Muskatnuss und geben Sie es in einen Bräter. Im Ofen 25 Minuten lang braten (vorgeheizt auf 190 °C, Gas Stufe 5), zwischendurch ein paar Mal begießen, bis die Hühnerbrustfilets durchgegart sind. Komplett abkühlen lassen, dann in mundgerechte Stücke schneiden.
Das Hühnchen mit dem Dressing mischen, mit Gewürzen abschmecken und im Kühlschrank kühl stellen.
Mit einem Nudelsalat, Limonenvierteln und gehackter glatter Petersilie servieren.

ER's Diamond Jubilee Chicken
(Jamie Oliver)

(ER = Elizabeth Regina)

8 große Hähnchenschenkel, mit Knochen und Haut
1 gehäufter EL Garam Masala
1 gestrichener TL Cuminsamen
1 gestrichener TL Kurkuma
½ TL Chilipulver
Olivenöl
Meersalz und frisch geriebener Pfeffer
ein daumengroßes Stück frischer Ingwer, geschält
4 Knoblauchzehen, geschält
1 Zitrone
eine Handvoll Cashewnüsse oder Mandeln
2 gehäufte EL Sesamsamen
½ reife Ananas, geschält und entkernt
½ Salatgurke, Kerne entfernt
6 Frühlingszwiebeln
1 frische rote Chili
250 g Naturjoghurt
2 Limetten
ein kleiner Bund frischer Koriander

Den Ofen auf 190 °C (Gas Stufe 5) vorheizen. Die Hähnchenschenkel zusammen mit allen Gewürzen, einem Spritzer Olivenöl und einer Prise Salz und Pfeffer in eine Schüssel geben. Den Ingwer und den Knoblauch reiben und den Zitronensaft auspressen. Mischen und die Hähnchenschenkel damit einreiben. Geben Sie die Hähnchenschenkel in einen passenden Bräter, in einer Schicht und mit der Hautseite nach oben. Garen Sie sie auf der oberen Schiene des Ofens 50 Minuten lang oder solange, bis das Fleisch sich leicht vom Knochen löst.

Wenn die Hähnchenschenkel gar sind, die Haut entfernen und diese mit der oberen Seite nach unten in einen anderen Bräter legen. Die Nüsse und Samen drüberstreuen, dann zurück in den Ofen für ca. 10 Minuten oder bis die Haut richtig knusprig ist und die Nüsse geröstet sind (nicht die Nüsse verbrennen lassen, stellen Sie sich die Uhr!)

Währenddessen die Ananas und die Gurke in 1 cm große Würfel schneiden und sie auf einer Servierplatte anrichten, die Frühlingszwiebeln und die Chili in feine Ringe schneiden und zu den Ananas- und Gurkenwürfeln geben, eine kleine frische Chili als Garnierung aufheben.

Mögliches Fett aus dem Bräter herausnehmen, so dass nur noch der Saft übrigbleibt, dann mit zwei Gabeln das Fleisch vom Knochen lösen. Das Fleisch auf die Servierplatte geben. Im Bräter ¾ des Joghurts, den Saft von 2 Limetten und die gehackten Korianderstängel mischen, die Korianderblätter beiseitelegen. Alles mischen, vom Boden des Bräters kratzen, abschmecken.

Die Sauce über die Platte schütten, dann alles mit Hilfe zweier Gabeln miteinander vermischen. Falls nötig, den Rand der Servierplatte säubern, anschließend die knusprige Haut, die knusprigen Nüsse und Samen, die Korianderblätter und Chili darüberstreuen. Den Rest des Joghurts darüberträufeln und servieren.

Weihnachtsspezialitäten

England ist berühmt für sein großes Traditionsbewusstsein, und es gibt wohl nichts Traditionelleres als unsere Einstellung zu Weihnachten. Wenn man sich die Weihnachtskarten ansieht, die viele Engländer einander zu Weihnachten schicken, möchte man tatsächlich meinen, dass sie davon träumen, wieder in den Zeiten zu leben, als es noch Postkutschen, Damen mit riesigen Reifröcken und Burschen mit Laternen gab – und das alles inmitten einer unberührten Landschaft, die unvermeidlich von hohem Schnee bedeckt war. Heutzutage, da nicht einmal mehr der Schnee zu Weihnachten garantiert ist, ist eine Möglichkeit, um in Feiertagsnostalgie zu schwelgen, das Weihnachtsessen: aufwändige traditionelle Speisen, nach von Generation zu Generation weitergegebenen Rezepten, üppig, dick machend, cholesterinreich und dergleichen mehr. Aber gerade die sind so köstlich und wecken Erinnerungen an wunderbare Weihnachtsfeste, dass selbst die strengsten Diätverfechter kaum widerstehen können. Den Höhepunkt bildet natürlich das Christmas Dinner.

Weihnachten findet für die Engländer am 25. Dezember statt, nicht am Abend des 24. Außerdem kann das Christmas Dinner zur Mittagszeit, irgendwann am Nachmittag oder eben am Abend verspeist werden – je nach Wunsch bzw. den eigenen Fähigkeiten, die ganze Sache in korrekter Reihenfolge auf den Tisch zu bringen. Denn dieses Menü ist ein ziemliches Unterfangen, nicht zuletzt, weil es so viele Ablenkungsmöglichkeiten gibt. Deshalb beginnt der kluge Koch oder die weise Köchin am Vortag oder zumindest einige Stunden vorher mit der Zubereitung.

Seltsamerweise macht die kulinarische Tradition keinerlei Vorschriften für den ersten Gang. In den mageren Jahren nach dem Krieg servierte zum Beispiel meine Mutter eine Suppe aus den Innereien des Truthahns mit geraspeltem Gemüse und vielleicht etwas Gerste. Heute erfreuen sich Räucherlachs und Pastete großer Beliebtheit, denn sie haben den Vorteil, dass man sie nicht erst zubereiten muss. Über den Hauptgang gibt es hingegen keine Diskussion: Der riesige Truthahn, dessen großes Brustbein sich wie ein Schiff unter vollen Segeln auf der Weihnachtstafel erhebt, wird von Röstkartoffeln, Gemüse und verschiedenen anderen Beilagen begleitet. Ebenso unvermeidlich ist das Dessert: Christmas Pudding, gehaltvoll, schwarz und dampfend, dazu Rumbutter, Brandy-Sauce, Custard oder Schlagsahne, obendrauf ein Stechpalmenzweig – zur Krönung auch in heißen Brandy getaucht und kurz vor seinem triumphalen Einzug in das extra abgedunkelte Esszimmer angezündet.

Ich muss Ihnen jedoch mitteilen, dass gerade dort, wo man das Festhalten an der Tradition am ehesten erwarten würde – in der königlichen Familie nämlich –, beim Weihnachtsessen in gewisser Hinsicht eigene Regeln gelten. Das königliche Weihnachtsfest wird auf Sandringham, einem Landsitz der Königin im Osten Englands, gefeiert. Dort serviert man, laut Judy Wade, das Christmas Dinner um Punkt 13.15 Uhr im Speisesaal. Es ist mit militärischer Präzision durchgeplant, denn schließlich nehmen bis zu fünfzig Personen daran teil.

Graham Newbold, sechs Jahre lang Hofkoch, erzählte: »Der Hauptgang ist immer traditionell: Truthahn, Füllung, Röstkartoffeln, glasierter Rosenkohl und Karotten. Die Truthähne wiegen jeweils um die 32 Pfund (14 kg). Die Portionen sind nie riesengroß, weil die Royals allesamt keine starken Esser sind und noch ein weiteres Dinner am Abend vor sich haben.« Die königliche Kinderschar bekommt ein Püree aus Truthahn und Gemüse im Kinderzimmer.

Die Royal Family, so berichtet Newbold, ist nicht versessen auf Christmas Pudding oder Mince Tarts, so dass er sich etwas anderes ausdenken musste. So ließ er einmal eine Piña-Colada-Mousse zum Dessert servieren und als Vorspeise kalten Hummersalat mit Kaviar. Hier ist sein Rezept:

Graham Newbolds königlicher Hummersalat

2 frische, gekochte Hummer à 450 g
Salz, Pfeffer
Saft von ½ Zitrone
1 Bund Schnittlauch, in Röllchen geschnitten
125 g Mayonnaise
Salatblätter, gekochter Spargel und Kaviar zum Garnieren

Das Hummerfleisch auslösen und klein schneiden, mit Salz und Pfeffer würzen. Mit dem Zitronensaft und den Schnittlauchröllchen vermengen. Rühren Sie die Mayonnaise unter. Geben Sie den Salat in eine Ringform und stürzen Sie ihn auf einen Teller. Mit Salatblättern, Spargelspitzen und Kaviar dekorieren.

Der Truthahn

Es gab einmal eine Zeit, als die Engländer mit Gänsebraten Weihnachten feierten, aber dann setzte sich nach und nach der Truthahn durch, der im 16. Jahrhundert aus Mexiko nach England kam. Heutzutage sind Weihnachtsgänse hierzulande relativ selten. Der Truthahn mit seinem hohen Brustbein sieht besonders feierlich aus, aber gut gemästet kann er ein Riesenvieh sein, an dem man tagelang isst. Truthennen weisen zwar eine nicht ganz so schöne Form auf, aber ich persönlich finde ihr Fleisch zarter und ihre Größe einem kleinen Haushalt eher angemessen.

Ein Truthahn für eine englische Durchschnittsfamilie

wiegt – ohne Kopf, Hals, Füße und Innereien – etwa 6 Kilogramm. (Innereien und Kragen sollten Sie unbedingt für die Sauce aufheben.) Am besten kauft man ihn frisch, nachdem man ihn sicherheitshalber rechtzeitig vorbestellt hat. Wenn Sie nur ein tiefgekühltes Exemplar bekommen, tauen Sie es auf jeden Fall lange genug vorher auf. Der Ofen muss vorgeheizt und der Truthahn gefüllt und in Folie gewickelt sein (siehe nachfolgendes Rezept). Die Garzeit lässt sich folgendermaßen berechnen:

Ein 3,5 bis 4,5 Kilogramm schweres Tier benötigt 30 Minuten bei 220 °C (Gas Stufe 7), danach 2 Stunden und 30 Minuten bei 170 °C (Gas Stufe 3) und schließlich noch 30 Minuten ohne Folie bei 200 °C (Gas Stufe 6).

Ein 4,5 bis 6 Kilogramm schweres Exemplar braucht 40 Minuten bei 220 °C (Gas Stufe 7), anschließend 3 Stunden und 30 Minuten bei 170 °C (Gas Stufe 3) und schließlich noch 30 Minuten ohne Folie bei 200 °C (Gas Stufe 6).

Für einen 7 bis 9 Kilogramm schweren Truthahn veranschlagen Sie 45 Minuten bei 220 °C (Gas Stufe 7), 4 bis 5 Stunden bei 170 °C (Gas Stufe 3) und schließlich noch 30 Minuten ohne Folie bei 200 °C (Gas Stufe 6).

Diese Angaben dienen nur zur ungefähren Orientierung, da jedes Fleisch und jeder Ofen anders sind. Als Garprobe stechen Sie am besten mit einem scharfen Fleischspieß in die Keule oder die Brust. Der austretende Saft sollte klar und keinesfalls rosa sein; das Fleisch muss sich leicht vom Knochen lösen.

Aber widmen wir uns zunächst der Füllung. Dies ist mein Lieblingsrezept:

Füllung aus Kastanien und Wurstbrät

450 g Esskastanien (frisch oder aus der Dose)
1 Zwiebel
450 g säuerliche Äpfel
700 g Wurstbrät
Salz, Pfeffer
1 Ei

Wenn Sie keine Kastanien aus der Dose verwenden, kochen Sie die frischen Maronen 20 bis 30 Minuten lang und schälen sie noch heiß ab. Dann mischen Sie in einer Schüssel die Kastanien, die gehackte Zwiebel, die geschälten, entkernten und gewürfelten Äpfel sowie das Wurstbrät. Salzen und pfeffern und mit dem verquirlten Ei binden. Füllen Sie diese Masse von beiden Enden in den Bauch des Truthahns und verschließen Sie die Öffnungen mit Küchengarn, Fleischspießen oder Zahnstochern.

Wurstbrät-Salbei-Zwiebel-Füllung

900 g Wurstbrät
1 Ei
25 g Butter
1 große gehackte Zwiebel
etwa 20 frische Salbeiblätter oder 1 EL getrockneter Salbei
Salz
Paprikapulver
110 g Semmelbrösel
etwas Milch

Die Butter in einer Pfanne schmelzen, die gehackte Zwiebel hinzufügen und leicht andünsten. Geben Sie dann den gehackten Salbei, nach Geschmack Salz, Paprikapulver und die Semmelbrösel dazu. Nun rühren Sie das Wurstbrät ein und mischen das verquirlte Ei unter. Wenn die Masse zu trocken ist, gießen Sie ein wenig Milch dazu. Den Truthahn wie oben beschrieben füllen.

Truthahnbraten

1 Truthahn
200 g Butter
Salz, Pfeffer
Speck in Scheiben
Alufolie

Füllen Sie den Truthahn wie oben angegeben mit einer beliebigen Füllung. Die Butter schmelzen. Legen Sie die Fettpfanne Ihres Ofens mit zwei langen Streifen Alufolie (am besten extrabreit) aus. Die Streifen sollen rechtwinklig übereinanderliegen. Den Truthahn in die Mitte setzen und rundherum mit flüssiger Butter bestreichen. Pfeffern und salzen Sie großzügig und belegen Sie das Brustbein und die Oberseiten der Keulen mit Speck.
Nun werden die Folienstreifen nacheinander über dem Truthahn so zusammengefaltet, dass im Inneren noch Luft bleibt. Achten Sie jedoch darauf, dass Dampf und Flüssigkeit nicht entweichen können.
Auf der unteren Schiebeleiste in den vorgeheizten Ofen schieben und wie auf S. 151 angegeben braten. Denken Sie daran, die Folie in den letzten 30-45 Minuten zu öffnen, damit der Truthahn schön braun wird. Vor dem Aufschneiden noch einmal etwa 30 Minuten ruhen lassen.

Gravy
(Sauce)

Bevor Sie den Truthahn in den Ofen schieben, geben Sie den Kragen und die Innereien mit einer in Scheiben geschnittenen Zwiebel, einer klein geschnittenen Karotte, einer Stange Sellerie, etwas Petersilie, einem Lorbeerblatt sowie Salz und Pfeffer in einen Topf. Lassen Sie das Ganze etwa 2 Stunden lang köcheln. Wenn der Truthahn gar ist, legen Sie ihn auf eine große Servierplatte und gießen den Saft und das Fett aus der Folie in eine Kasserolle. Kippen Sie diese ein wenig und versuchen Sie, so viel Fett wie möglich abzuschöpfen. Dann den Bratensaft mit zwei Esslöffeln Mehl binden und mit der abgeseihten Brühe aus den Innereien und dem Gemüse aufgießen. Rühren Sie die Sauce mit einem Schneebesen glatt. Sie sollte eine samtige Konsistenz aufweisen. Falls nötig noch mit Salz und Pfeffer abschmecken.

Christmas Pudding

Als ich noch zur Schule ging, hieß der letzte Sonntag vor dem Advent bei uns »Stir up«-Sunday. Der Grund dafür war, dass das von der Anglikanischen Kirche für diesen Tag vorgesehene Gebet mit folgenden Worten beginnt: »Stir up, we beseech thee O Lord, the wills of thy faithful people …« (Rüttle auf, wir flehen dich an, o Herr, das Streben deines treuen Volkes …). Für uns bedeutete das immer einen aufregenden Vorgeschmack auf Weihnachten. Das Aufrühren (engl. stirring up), das uns in Aufregung versetzte, hatte nichts mit unserem gläubigen Streben zu tun, sondern nur mit den Christmas Puddings, die von unseren Müttern traditionell an jenem Tag zubereitet wurden und dann in den fünf Wochen bis zum großen Fest wunderbar reiften. (Manche Köche bereiten ihre Puddings sogar schon zwei oder drei Monate im Voraus zu, weil sie im Laufe der Zeit immer besser werden.)

Der Christmas Pudding ist eines der wenigen Gerichte, die die Engländer schon in der Vergangenheit liebten und die bis heute – obwohl eigentlich nicht mehr zeitgemäß – überdauert haben. Der Pudding aus Talg und vielen anderen Zutaten, entweder pikant oder süß, wird in Stoff gewickelt viele Stunden lang im Dampf gegart. Die gehaltvolle, schwere Speise war zweifellos genau richtig für Menschen, die schwere körperliche Arbeit verrichteten und in ungeheizten Behausungen lebten, sie passt allerdings weniger zum modernen Lebensstil. Sie ist übrigens ein direkter Nachfahre des Plum Puddings, einer Variante des gekochten Puddings, bei dem jedoch die einst verwendeten getrockneten Pflaumen (engl. plums) längst durch Rosinen, Korinthen und Sultaninen ersetzt wurden. Und während der Pudding früher ein gängiges Winteressen war, isst man ihn heute nur noch zu Weihnachten. Viele Ausländer nennen ihn Plum Pudding, in England jedoch wird praktisch ausschließlich die Bezeichnung Christmas Pudding verwendet.

Für die viel beschäftigte Köchin ist heute die einfachste Methode, an einen guten Christmas Pudding zu kommen, der Kauf eines fertigen Produkts einer englischen Qualitätsfirma; die Mehrzahl der englischen Hausfrauen tut das. Wer sich jedoch die Zeit nehmen kann, den Pudding selbst zuzubereiten, sollte sich dieses Vergnügen nicht entgehen lassen. Früher mischte man kleine Silbermünzen (die ja leider längst nicht mehr in Umlauf sind) oder speziell für diesen Zweck gefertigte silberne Glücksbringer, die sorgfältig in Butterbrotpapier gewickelt wurden, unter den rohen Teig. Das machte den Pudding noch reizvoller. Heute tut man sich schon schwer, solche Glücksbringer überhaupt aufzutreiben. Das Risiko, einen davon zu verschlucken, war übrigens minimal – im Gegenteil, man kaute dadurch besonders vorsichtig.

Die Zubereitung ist zwar nicht schwierig, aber zeitaufwändig, deshalb sollten Sie sich am besten ein Wochenende dafür vornehmen. Wie bei allen Rezepten für Christmas Pudding reichen auch die im Folgenden genannten Mengen für mindestens zwei Puddings. Das sollte allerdings kein Problem sein, weil sich Christmas Pudding richtig verpackt und an einem kühlen Ort gelagert ein paar Jahre lang hält. Wer daran zweifelt, kann ihn immer noch einfrieren.

110 g Mehl
1 TL Backpulver
225 g Semmelbrösel (am besten selbst aus altbackenem Weißbrot hergestellt)
225 g Sultaninen
225 g Rosinen
560 g Korinthen
50 g Zitronat und Orangeat
50 g gemahlene Mandeln
4 Eier
450 g brauner Zucker
225 g gehacktes Nierenfett (falls Ihr Metzger sich weigert, es für Sie zu hacken, reiben Sie den Talg einfach auf einer Käsereibe)
1 TL geriebene Muskatnuss
1 TL Zimt
abgeriebene Schale von 1 Orange (unbehandelt)
abgeriebene Schale von 1 Zitrone (unbehandelt)
1 Apfel, geschält, entkernt und fein gehackt
1 kleines Glas Rum
1 kleines Glas Brandy
150 ml Guiness oder dunkles Bier
Außerdem benötigen Sie zwei Puddingformen oder Schüsseln mit glattem Rand, aus denen Sie den Pudding leicht herausstürzen können und die hitzebeständig sind.

An einem Freitag legen Sie die Sultaninen, Rosinen und Korinthen in den Rum und Brandy ein und lassen sie über Nacht durchziehen.

Am Samstag geben Sie nacheinander alle trockenen Zutaten zu den eingeweichten Weinbeeren, wobei Sie jede Ingredienz sorgfältig untermengen. Verquirlen Sie in einer separaten Schüssel die Eier, rühren Sie dann das Bier unter und gießen Sie die Mischung zu den anderen Zutaten. Jetzt ist das bereits erwähnte »stir up« an der Reihe, denn es ist wichtig, dass sie lange und kräftig »aufrühren«, damit sich alles wirklich gut vermengt. Der Teig sollte feucht sein und zähflüssig vom Löffel tropfen (er wird über Nacht trockener). Sollte er Ihnen zu trocken und schwer erscheinen, kommt noch ein Schuss Bier dazu. Mit einem Tuch bedeckt über Nacht ruhen lassen.

Am Sonntag buttern Sie die Puddingformen oder Schüsseln aus und füllen sie bis unter den Rand mit dem Teig. Jede Form wird mit einem viereckigen Stück Butterbrotpapier und darauf einem ebenso großen Stück Musselin oder Baumwolle bedeckt. Binden Sie beides am Rand der Form mit Küchengarn fest. Dann werden die gegenüberliegenden Stoffzipfel oben festgebunden.

Setzen Sie die Formen jeweils in einen großen Topf und füllen Sie ihn bis zur halben Höhe der Formen mit Wasser. Zugedeckt 8 Stunden lang im Dampf garen. Achten Sie darauf, regelmäßig Wasser nachzufüllen, damit die Puddings nicht auf dem Trockenen stehen. Danach auskühlen lassen und in der Form an einem kühlen Ort bis zum Weihnachtsmorgen lagern.

Am Weihnachtstag geben Sie die Puddings in der Form erneut in ein Wasserbad, erhitzen sie etwa 2 Stunden im Dampf und stürzen sie dann auf einen Teller. Dazu gibt es eine Rum- oder Brandysauce oder einfach Custard (englische Eiercreme), siehe S. 117.

Rum- oder Brandysauce

50 g Butter
10 g Mehl
220 ml warme Milch
10 g Zucker
2 EL Rum oder Brandy

Die Butter in einem Topf schmelzen, das Mehl einstreuen und unter Rühren ein wenig anschwitzen. Dann gießen Sie nach und nach die Milch dazu, während Sie die Sauce mit einem Schneebesen glatt rühren. Den Zucker hinzufügen; falls Sie die Sauce im Voraus zubereiten, sollten Sie sie jetzt vom Herd nehmen und zudecken, damit sich keine Haut bildet. Kurz vor dem Servieren erneut erhitzen und den Rum oder Brandy einrühren.

Wem der Christmas Pudding zu mächtig erscheint, der kann sich an ein königliches Weihnachtsdessert halten:

Graham Newbold's Piña-Colada-Mousse

½ Dose Kokosmilch (Cream of Coconut)
3 EL Rum
425 ml Crème double
4 Blatt Gelatine
115 g frische Ananas, klein gehackt
300 ml pürierte Himbeeren
Honig-Mandel-Plätzchen (siehe folgendes Rezept)
gesponnener Zucker (falls Sie kein Profi sind, können Sie den getrost weglassen)

Die Kokosmilch mit der Crème double und der Ananas vermischen. Die eingeweichte Gelatine ausdrücken, im

heißen Rum auflösen und unterrühren. In beliebige
Förmchen füllen und in den Kühlschrank stellen, bis
die Masse fest wird. Dann stürzen Sie sie auf Teller, die
Sie mit dem Himbeerpüree, den Plätzchen und dem
gesponnenen Zucker verzieren.

Mandelplätzchen

55 g Butter
55 g Honig
70 g Zucker
60 g Mehl
2 Eiweiß

Die Butter in einer Kasserolle schmelzen. Dann geben Sie den Honig und den Zucker hinein und erhitzen alles, bis der Zucker flüssig wird. Dann das Mehl
hinzufügen, gut umrühren, und schließlich die leicht
geschlagenen Eiweiße untermischen, so dass eine ge-
schmeidige Masse entsteht. Den Teig streichen Sie mit
einem Palettenmesser dünn auf ein mit Backpapier ausgelegtes Blech. Bei 180 °C (Gas Stufe 4) goldbraun backen und noch warm in Rauten schneiden.
(Graham Newbold führt inzwischen übrigens ein Restaurant namens »The George in Wormald Green«, in
der Nähe des eleganten alten Bades Harrogate in Yorkshire.)

Mince Pies

Der Ursprung dieser gehaltvollen, würzigen kleinen Pasteten
liegt tief im Nebel der Geschichte verborgen. Ihre Füllung
heißt Mincemeat und reicht mindestens bis ins Mittelalter
zurück, als es üblich war, Fleisch mit Honig und Gewürzen

zu mischen. Das Fleisch ist bis auf eine Ecke in Nordengland und vielleicht die Tafeln besonders traditionsbewusster Köche als Bestandteil inzwischen längst aus dem Rezept verschwunden. Heute besteht Mincemeat aus Rosinen, Korinthen, gewürfelten Äpfeln, braunem Zucker, Gewürzen, geriebenem Talg sowie Brandy oder Rum.

Wahrscheinlich kaufen 99 Prozent der englischen Köchinnen und Köche ihr Mincemeat heute fertig (es wird in England wie Marmelade im Lebensmittelhandel angeboten). Für jene, die es trotzdem selbst machen wollen – was nicht schwer ist –, folgt hier ein Rezept.

Für den Teig gibt es keine strikten Vorgaben. Manche Leute bevorzugen eine ganz einfache Variante, da die Füllung üppig genug ist, andere tendieren zu einem aufwändigeren, weicheren Teig. Manche verwenden auch Blätterteig. Grundsätzlich schmecken Mince Pies warm am besten. Der Teig des folgenden Rezepts kann jedoch warm oder kalt gegessen werden.

Mince Pies sind ein sehr vielseitiges Gebäck. Man kann Sherry oder andere Drinks, Tee, Kaffee, Glühwein dazu reichen, und sie schmecken solo oder mit Eiercreme als Dessert zum Lunch oder Dinner.

Für etwa 12 Pasteten:
110 g Mehl
110 g Stärkemehl
1 TL Backpulver
1 Prise Salz
50 g feiner Zucker
50 g kalte Butter
50 g Margarine
1 Ei
25 ml Milch
1 EL Wasser
12 Pastetenförmchen (6-8 cm Durchmesser)

Mehl, Stärkemehl und Backpulver auf ein Backbrett sieben und mit Salz und Zucker vermengen. Dann arbeiten Sie Butter und Margarine mit dem Messer ein und reiben die Flöckchen mit den Fingerspitzen, bis alles gut vermischt ist. Anschließend kneten Sie mit Milch und einem Esslöffel Wasser das Ganze möglichst schnell zu einem glatten Teig. Auf einer bemehlten Fläche ¼ cm dick ausrollen und mit einem Teigrädchen 12 größere Kreise für die Böden und 12 kleinere für die Deckel ausschneiden. Die Förmchen einfetten und mit den größeren Teigkreisen auslegen. Nun verteilen Sie je nach Förmchengröße jeweils ½ bis 1 Teelöffel Mincemeat darauf – bedenken Sie, dass die Füllung ihr Volumen beim Backen beträchtlich vergrößert.

Auf die mit etwas Milch oder Wasser befeuchteten Teigränder werden nun die kleineren Kreise als Deckel gedrückt. Pressen Sie die Ränder mit den Fingerspitzen oder einer Gabel fest zusammen (sie können dabei auch ein Muster formen). Machen Sie in jede Pastete Löcher, damit der Dampf entweichen kann. Dazu benutzen Sie entweder die Zinken einer Gabel oder Sie versehen die Teigdeckel mit einem scharfen kleinen Messer mit zwei parallelen Schnitten oder einem Kreuz.

Auf der mittleren Einschubleiste des auf 220 °C (Gas Stufe 7) vorgeheizten Backofens 15 Minuten backen. Danach reduzieren Sie die Temperatur auf 190 °C (Gas Stufe 5) und lassen die Pasteten noch 10 bis 15 Minuten im Ofen. Danach ein wenig auskühlen lassen. Wenn Sie die Mince Pies dann nicht sofort servieren möchten, lösen Sie sie vorsichtig aus den Förmchen und lassen sie auf einem Kuchengitter ganz auskühlen, bevor Sie sie in eine luftdichte Blechdose verpacken.

Mincemeat

Hier ein Rezept für all jene, die kein Mincemeat zu kaufen bekommen oder es lieber selbst herstellen. Am besten sollten Sie es vor der Weiterverarbeitung einen Monat lang »reifen« lassen.

230 g säuerliche Äpfel
220 g Korinthen
220 g Rosinen
220 g Sultaninen
110 g Zitronat und Orangeat
110 g gehackte Walnüsse
220 g geriebenes Nierenfett
450 g brauner Zucker
2 gestr. TL Lebkuchengewürz
75-100 ml Brandy oder Rum

Die Äpfel schälen, entkernen und fein würfeln. Die Trockenfrüchte klein hacken. Vermischen Sie alle Zutaten in einer Schüssel. Verwenden Sie so viel Brandy oder Rum, dass eine feuchte, aber nicht flüssige Masse entsteht. Zugedeckt mindestens 48 Stunden durchziehen lassen, damit die Früchte aufquellen. Danach noch einmal gründlich durchrühren und wie Marmelade in Gläser füllen und luftdicht verschließen.

Christmas Cake

Dies ist der reichhaltigste und köstlichste Früchtekuchen überhaupt. Er sollte idealerweise mindestens einen Monat lang in einer luftdichten Blechschachtel reifen, bevor man ihn genießt. Mit entsprechenden Verzierungen eignet er sich auch gut als Geburtstags- oder Festtagstorte.

350 g Sultaninen
175 g Rosinen
225 g Korinthen
110 g halbierte kandierte Kirschen
110 g gehacktes Orangeat und Zitronat
Saft und abgeriebene Schale von 2 unbehandelten
Orangen
75 ml Brandy
385 g Mehl
1½ TL Backpulver
1 TL Zimt
1 TL Muskat
100 g Mandelstifte
50 g gemahlene Mandeln
4 Eier
2 EL Melasse
55 ml Milch
225 g Butter
175 g brauner Zucker
1 TL Vanilleextrakt

Die Weinbeeren waschen und abtropfen lassen. Zusammen mit Kirschen, Orangeat, Zitronat, Orangensaft und -schale sowie dem Brandy in eine Schüssel geben und zugedeckt 1–2 Stunden oder auch über Nacht durchziehen lassen. Danach gießen Sie die Flüssigkeit ab, heben sie jedoch auf. Nun kommen Mehl, Backpulver, Mandeln, Zimt und Muskat zu den Früchten und werden gut untergemischt. Verquirlen Sie die Eier. Die Melasse erhitzen, bis sie ganz flüssig ist, und mit der Milch verrühren. Nun schlagen Sie die Butter mit dem Zucker schaumig, geben den Vanilleextrakt und die Eier dazu. Danach die Früchte mit dem Mehl untermischen. Geben Sie so viel von der Brandy-Orangensaft-Mischung in den Teig, dass dieser reißend vom Löffel fällt.

Eine tiefe Backform mit 20 Zentimeter Durchmesser mit 2 bis 3 Lagen Backpapier auslegen. Füllen Sie den Teig hinein und verstreichen ihn so, dass in der Mitte eine kleine Vertiefung entsteht. Dann wird der fertige, aufgegangene Kuchen eine flache und keine gewölbte Oberfläche aufweisen.

Im vorgeheizten Ofen bei 180 °C (Gas Stufe 4) ½ Stunde lang backen. Danach reduzieren Sie die Temperatur auf 150 °C (Gas Stufe 2) und lassen den Kuchen weitere 3 bis 3½ Stunden im Ofen. Kurz vor Ende der Backzeit den Teig mit einem Metallstäbchen prüfen: Der Kuchen ist fertig, wenn daran kein Teig hängen bleibt. Sollte die Oberfläche zu dunkel werden, decken Sie die Form mit einer doppelten Lage Butterbrotpapier ab.

Den fertigen Kuchen aus dem Ofen nehmen und – am besten über Nacht – in der Form vollständig auskühlen lassen. Anschließend wickeln Sie ihn in Butterbrotpapier und legen ihn für einen Monat in eine luftdicht schließende Blechdose, bevor Sie ihn mit Zuckerguss überziehen. In dieser Zeit gelegentlich mit etwas Brandy beträufeln.

Die traditionelle Glasur besteht aus einer dünnen Schicht Marmelade, einer ziemlich dicken Lage Marzipan und schließlich einem Zuckerguss, der noch mit beliebigen Dekorationen versehen wird – kleinen Weihnachtsbäumen, Nikoläusen oder einfach nur einem Stechpalmen- oder Tannenzweig.

Sie können das Marzipan fertig kaufen, aber selbst gemachtes schmeckt natürlich viel besser und lohnt sich, wenn Sie sich ohnehin schon so viel Mühe mit dem Kuchen gemacht haben. Die Anleitung dafür finden Sie im Rezept für Simnel Cake (S. 82). Der Zuckerguss sollte die ganze Kuchenoberfläche bedecken und an den Seiten herabrinnen. Besonders festlich sieht der Christmas Cake mit einer Papiermanschette oder einer breiten Seidenschleife um den Rand herum aus.

Picknick

In einem Land mit unserem Klima würde man kaum erwarten, dass Ausflüge mit dem Ziel, irgendwo mitten in der Landschaft zu essen, ein weit verbreiteter Zeitvertreib sind. Aber das Gegenteil ist der Fall. Seit Jahrhunderten sind Picknicks ein nicht wegzudenkender Bestandteil des englischen Sommers. Und wenn das Wetter gut ist – was in der Tat manchmal passiert –, sind sie ein absoluter Hochgenuss. Königin Victoria und Prinz Albert pflegten auf zähen kleinen Ponys in die schottischen Highlands zu reiten und an malerischen Fleckchen zu picknicken. Beziehungsweise war es so, dass die Queen mit den Kindern und ihrer Entourage picknickte, während Albert und sein Jagdgehilfe durchs Gelände streiften und herumballerten – so steht es zumindest in ihren Tagebüchern. Die gegenwärtige königliche Familie und eine bestimmte, dem Landleben zugetane Oberschicht fand eine Zeit lang Gefallen daran, sich zu Hochzeiten prachtvolle Picknickkörbe zu schenken. Doch Claire Macdonald weist zu Recht darauf hin, dass so ein kostspieliger Korb von Harrods mit Kristallgläsern und Fasanenmotiven auf feinstem Porzellan auch seine Nachteile haben kann. »Das Essen im Korb muss zum Drumherum passen. Man kann da nicht einfach irgendwas hineintun.«

Ein Picknick kann alles sein – angefangen bei Thunfischsandwiches im Rucksack für eine Wanderung durch die Hügel bis hin zum dreigängigen Gourmet-Menü mit Champagner, das man aus dem Kofferraum des eigenen Rolls Royce serviert, etwa während einer Pause bei den sommerlichen Opernfestspielen in Glyndebourne. Es kann sich auch um ein Barbecue handeln. Da Letzteres jedoch keine englische

Tradition ist, sondern ein internationaler Modetrend, der bis nach England vorgedrungen ist, werde ich hier nicht darauf eingehen. Sandwiches sind natürlich das bei Weitem leichteste Picknickessen, sowohl was die Zubereitung als auch den Verzehr angeht. Aber es gibt eine Vielzahl fantasievollerer Gerichte, die das Picknick zu etwas Besonderem machen. Claire, die eine große Expertin für Picknicks ist, warnt jedoch, dass es selbst heutzutage, im Zeitalter von tragbaren Kühlboxen und Autokühlschränken, noch ein paar Fallstricke gäbe. »Nach zehn Minuten in der Sonne hat sich die Mayonnaise verflüssigt, die Schlagsahne rutscht von der Torte wie ein Federbett nachts vom Bett. Man sollte Schokoladenglasuren und Buttriges meiden. Auch Gelatine verwandelt sich in eine Pfütze.«

Eines von Claires Lieblingsgerichten sind Scotch Eggs. Doch statt der gewöhnlichen schottischen Eier aus halbierten Hühnereiern in einer Hülle aus Wurstbrät, die ein bisschen unhandlich sind, verwendet sie Wachteleier und überzieht das Wurstbrät mit Sesam. (Es ist mir leider nicht gelungen herauszufinden, woher diese Eier den Beinamen Scotch haben.)

Quail's Scotch Eggs in Sesame Seed
(Schottische Wachteleier in Sesam)

12 Wachteleier
450 g Schweinswürstchen oder Wurstbrät von bester Qualität
150 g Sesamsamen
½ TL Salz
Sonnenblumenöl

Kochen Sie die Eier 3 Minuten lang in leicht kochendem Wasser. Danach so lange kaltes Wasser in den Topf laufen lassen, bis sich die Eier kühl anfühlen. Vorsichtig schälen.

Wenn Sie Würstchen verwenden, ziehen Sie die Haut ab. Pressen oder rollen Sie das Wurstbrät zu einer Platte von ½ bis 1 Zentimeter Dicke aus. Umhüllen Sie nun jedes Ei vollständig mit einem Stückchen Brät. Die Eier im Brätmantel danach in Sesam wälzen. Anschließend braten Sie sie in wenig Sonnenblumenöl, bis sie rundherum goldbraun sind. (Am besten verwenden Sie dazu eine beschichtete Pfanne.) Die fertigen Eier auf Küchenkrepp entfetten und auskühlen lassen. Danach schneiden Sie sie vorsichtig in der Mitte durch, so dass man den Dotter, umgeben von konzentrischen Kreisen aus Eiweiß, Wurstbrät und Sesam, sehen kann. Vorsichtig verpacken.

Mousses sind eine ausgezeichnete Idee für Picknicks. Man streicht sie entweder großzügig auf frische Scheiben kräftigen, dunklen Brots oder auf Baguettestückchen. Lachsmousse schmeckt besonders lecker.

Salmon Mousse
(Lachsmousse)

¼ l Milch
1 Lorbeerblatt
1 kleine Zwiebel
140 g Butter
40 g Mehl
600 g Lachssteak, in Folie gekocht (siehe S. 103) oder pochiert
Salz
frisch gemahlener Pfeffer
⅛ l Crème double
2 EL Sherry (medium)
Gurkenscheiben als Verzierung

Erhitzen Sie die Milch in einem kleinen Gefäß und geben Sie das Lorbeerblatt und die Zwiebel hinein. Den Topf vom Herd nehmen und 10 Minuten stehen lassen, damit sich das Lorbeer- und Zwiebelaroma auf die Milch übertragen. Danach beides wieder herausnehmen. 40 g Butter in einer Kasserolle schmelzen und das Mehl ein paar Minuten lang darin anschwitzen. Die Milch langsam unter Rühren zugießen und das Ganze zum Kochen bringen. Schlagen Sie die Mischung so lange mit einem Schneebesen, bis eine dicke Sauce entsteht. Noch ein paar Minuten köcheln lassen, und dann zum Auskühlen in einen Teller gießen, den Sie mit einem Stück feuchten Butterbrotpapier bedecken.
Befreien Sie den kalten Fisch von allen Hautresten und Gräten und zerkleinern Sie das Fleisch. Die restlichen 100 g Butter in einer Schüssel schaumig rühren und dann die Fischstückchen hineingeben. Schlagen Sie das Ganze mit einem Holzlöffel, bis die Masse homogen und cremig ist. Dann die weiße Sauce untermischen, salzen und pfeffern. Schlagen Sie nun die Crème double ziemlich steif und heben Sie sie mit dem Sherry unter die Fischcreme. Die Mousse in eine passende Form füllen, glatt streichen und mit dünnen Gurkenscheiben verzieren. Anschließend gut durchkühlen lassen.
Falls die Mousse keine weite Wanderung überstehen muss, sondern bei Ihnen zu Hause auf den Tisch kommt, können Sie sie auch in eine eingeölte Form, zum Beispiel in Gestalt eines Fisches, füllen, darin kühlen und kurz vor dem Servieren stürzen.

Schnelle Lachspastete

Hier handelt es sich um eine sehr schnelle und einfache Art der Zubereitung für all jene mit wenig Zeit oder für ein kurzfristig angesetztes Picknick. Ich bekam das Rezept vor

vielen Jahren von meiner Freundin Monica Unwin und habe
es schon so oft benutzt, dass es vor lauter Spritzern kaum
noch lesbar ist.

Dieses Rezept enthält etwas Gelatine, aber eigentlich ist
der Lachs fest genug, um das Ganze auch bei Sonnenschein
in Form zu halten.

1 gehäufter TL gemahlene Gelatine
250 ml heiße Hühnerbrühe
450 g Lachs aus der Dose
125 g Mayonnaise
2 EL Petersilienblättchen
1 EL Zitronensaft
1 Zwiebel
¼ TL Salz
1 Prise Cayennepfeffer
¼ l Crème double

Geben Sie die Gelatine mit der heißen Brühe in den
Mixer und schalten Sie für 40 Sekunden auf die höchste Stufe. Nun kommen der abgetropfte Lachs, Mayonnaise, Petersilie, Zitronensaft und die in Scheiben
geschnittene Zwiebel sowie Salz und Cayennepfeffer
dazu. Noch einmal auf die höchste Stufe schalten, bis
eine homogene Masse entstanden ist. Während sich der
Mixer noch auf niedriger Stufe dreht, gießen Sie die
Crème double dazu.
Die fertige Mischung in kleine Souffléförmchen, eine
große Schüssel oder eine gut eingeölte Form in Gestalt
eines Fisches füllen und kalt stellen.

Zwei Lieblingsgerichte picknickender Engländer sind Pork
Pies und Sausage Rolls, weil sie so pikant schmecken und un-
problematisch zu essen sind. Bei den Pork Pies, einer Spezialität aus Mittelengland, handelt es sich um Pasteten mit Deckel und Rand aus Teig. Unter der dicken knusprigen Kruste

verbirgt sich kräftig gewürztes Schweinehack und eine Lage Sülze zwischen Fleisch und Teig. Es heißt, dass sie ihre Entstehung bayerischen Schweinemetzgern verdanken, die 1871 in großer Zahl nach England auswanderten, um dem Wehrdienst zu entgehen. Diese Männer sollen die Schweinefleischverarbeitung in Mittelengland entscheidend verbessert haben. Da die Herstellung der Schweinefleischpasteten sehr aufwändig und arbeitsintensiv ist, kauft praktisch jeder in England sie fertig oder lässt sie sich liefern. Die Pork Pies von Melton Mowbray gelten übrigens allgemein als die besten.

Sausage Rolls

Kurz gesagt handelt es sich bei dieser Spezialität um gut gewürztes Brät in Blätterteig. Der einfachste Blätterteig ist zweifellos der backfertige aus der Tiefkühltruhe. Die folgende Zubereitung nach Delia Smith ist allerdings auch ziemlich schnell und einfach.

175 g Margarine
225 g Mehl
1 Prise Salz
kaltes Wasser
450 g Wurstbrät aus Schweinefleisch von einem Metzger Ihres Vertrauens
1 gehackte Zwiebel
1 TL Salbei
1 Ei
1 TL Milch

Wiegen Sie die angegebene Menge Margarine ab und geben Sie diese, in ein Stückchen Frischhaltefolie gewickelt, für ½ Stunde ins Gefrierfach. Inzwischen das Mehl mit dem Salz auf ein Backbrett sieben.
Nun nehmen Sie die Margarine aus dem Gefrierfach,

tauchen sie einmal ins Mehl ein und raspeln sie auf einer groben Reibe über das Mehl. Damit das leichter geht, tauchen Sie sie zwischendurch immer wieder ins Mehl ein. Anschließend Mehl und Butter mit einem großen Messer (verwenden Sie keinesfalls Ihre bloßen Hände) verhacken, bis eine Art Streusel entsteht. Nun geben Sie gerade so viel Wasser dazu, dass Sie mit Ihren Händen rasch einen glatten Teig kneten können. Diesen in einen Gefrierbeutel geben und für eine halbe Stunde in den Kühlschrank (nicht ins Gefrierfach!) legen.

Vermengen Sie inzwischen in einer Schüssel das Wurstbrät mit der Zwiebel und dem Salbei. Dann wird der gekühlte Teig auf einer bemehlten Fläche so dünn wie möglich zu einem Rechteck ausgerollt. Schneiden Sie dieses in drei gleich große Teile und formen Sie aus der Wurstmasse drei Rollen von gleicher Länge wie die Teigstücke. Falls es klebt, nehmen Sie ein wenig Mehl zum Bestäuben.

Nun kommt jeweils eine Rolle Wurstbrät auf ein Teigrechteck. Das Ei mit der Milch verquirlen und die oberen Teigränder damit bestreichen. Nun rollen Sie den Teig zusammen und drehen die Rollen um, so dass die Nahtstelle unten zu liegen kommt. Leicht flach drücken und in etwa 5 Zentimeter lange Stücke schneiden. Auf der Oberseite jeder Rolle mit einer Schere drei V-förmige Einschnitte machen und mit dem Rest des verquirlten Eis bestreichen. Setzen Sie alle Röllchen auf ein mit Backpapier ausgelegtes Blech, das Sie auf der obersten Schiene in den auf 220 °C (Gas Stufe 7) vorgeheizten Backofen schieben. Etwa 20 bis 25 Minuten backen und ausgekühlt in eine Blechschachtel geben. Wenn möglich, wärmen Sie die Sausage Rolls ein bisschen auf, bevor Sie sie servieren.

Ein weiterer Ast des weit verzweigten Stammbaums der Pies, der sich durch die Geschichte und quer durchs ganze Land

rankt, ist die Cornish Pasty. Dieses Gebäck ist so beliebt, dass 2012 ein landesweiter Aufschrei die Regierung dazu brachte, gleich wieder von ihrem Plan Abstand zu nehmen, eine Verkaufssteuer auf sie einzuführen. Dieses pikante Gebäck, das oft warm beim Bäcker verkauft wird, war ursprünglich als Mittagessen für die auf dem Feld oder in den Kohlengruben arbeitenden Männer gedacht, die keine Teller und kein Besteck zur Hand hatten. Und genau das macht die Cornish Pasties so geeignet für Picknicks. Die Füllungen und Gewürze waren ursprünglich so verschieden, dass die Mütter die Pasties oft mit den Initialen des jeweiligen Familienmitglieds versahen, dessen Geschmack sie besonders entsprachen. Die heutzutage häufigste Füllung besteht aus gehacktem Rindfleisch, Kartoffeln, Zwiebeln und weißen Rüben. Das folgende Rezept eignet sich gut für Picknicks. Es stammt von Paul Burrell, dem früheren Koch von Prinzessin Diana.

Mini-Cornish-Pasties

100 g Kartoffeln, geschält und fein gewürfelt
100 g Karotte, geschält und fein gewürfelt
1 kleine Zwiebel, geschält und fein gewürfelt
225 g mageres Rinderschnitzel, fein gewürfelt
Salz
frisch gemahlener Pfeffer
450 g Mürbteig
1 Ei

Die Kartoffel-, Karotten-, Zwiebel- und Fleischwürfel salzen, pfeffern und gründlich vermengen. Rollen Sie den Teig auf einer leicht bemehlten Fläche möglichst dünn aus. Stechen Sie 12 Kreise mit einem Durchmesser von 10 Zentimetern aus. Die Füllung gleichmäßig darauf verteilen. Bestreichen Sie die Teigränder mit dem verquirlten Ei und drücken Sie sie oberhalb der Füllung vorsichtig zusammen. Die Pasteten auf ein mit Backpapier ausgelegtes Blech setzen und mit dem Rest des Eis bestreichen. Im auf 220 °C (Gas Stufe 7) vorgeheizten Ofen 10 Minuten backen, danach weitere 15 Minuten bei 180 °C (Gas Stufe 4), bis sie außen goldbraun und innen gar sind. Vor dem Einpacken mindestens 1 Stunde lang auskühlen lassen.

Unter den Gerichten, für die man nur einen Teller und eine Gabel braucht, ist das Coronation Chicken (siehe S. 142) sicher eines der köstlichsten. Es gibt allerdings auch eine schnellere, einfachere Version, die Sie relativ kurzfristig zubereiten können.

Geeistes Curry-Hühnchen

200 g Mayonnaise
200 g Joghurt
2-4 EL Kokosflocken
Currypulver oder -paste
Salz, Pfeffer
1 gekochtes Huhn

Verrühren Sie Mayonnaise und Joghurt in einer Schüssel. Etwa 2 Esslöffel Kokosflocken untermischen, dann nach und nach das Currypulver einstreuen. Beginnen Sie mit ½ Teelöffel und tasten Sie sich langsam zur gewünschten Schärfe und Geschmacksintensität vor. Man kann das Aroma auch zusätzlich mit Paprikapulver, Kurkuma und anderen Gewürzen abrunden. Nach Wunsch salzen und pfeffern. Nun lösen Sie das Hühnerfleisch von den Knochen und zerteilen es in mundgerechte Bissen. Geben Sie die Fleischstückchen in die Currysauce und rühren Sie so lange um, bis alles von der Sauce überzogen ist. Falls die Sauce zu flüssig gerät, kann man sie noch mit etwas Kokos binden. Achten Sie jedoch darauf, dass das Ganze nicht trocken und strohig wird. Gut gekühlt und mit einem Salat als Beilage servieren.

Da viele Desserts zu unpraktisch für Picknicks sind, stellt ein Kuchen, den man leicht aufschneiden und aus der Hand essen kann, eine gute Alternative dar. So zum Beispiel:

Date and Walnut Loaf
(Dattel-Walnuss-Laib)

175 g entsteinte, klein gehackte Datteln
1 TL Natron
150 ml kochendes Wasser

225 g Mehl
1 TL Salz
25 g Butter
75 g feiner Zucker
3 EL Sirup
1 verquirltes Ei
50 g gehackte Walnüsse

Geben Sie die Datteln mit dem Natron in eine Schüssel und gießen Sie das kochende Wasser darüber. Beiseitestellen und aufquellen lassen, bis sie benötigt werden. In einer weiteren Schüssel schlagen Sie Butter, Zucker und Sirup schaumig, geben das verquirlte Ei dazu und sieben das Mehl mit dem Salz darüber. Danach kommen noch die Nüsse und die eingeweichten Datteln dazu. Vermengen Sie alle Zutaten gründlich miteinander. Zwei runde Backformen für Laibe von je 500 g einfetten oder mit Backpapier auslegen. Verteilen Sie den Teig auf die beiden Formen und backen Sie sie im vorgeheizten Ofen bei 150 °C (Gas Stufe 2) 1 Stunde und 15 Minuten.

Das klassische englische Dessert bei einem sommerlichen Picknick sind jedoch zweifellos frische Erdbeeren mit frischer Sahne oder noch besser: Crème double. Wer mag, nimmt dazu reichlich Zucker. Das Einzige, was in meinen Augen noch besser sein könnte, wären frische Himbeeren mit Sahne.

Spezialitäten-Glossar

Die folgenden Spezialitäten begegnen Ihnen vielleicht bei
einem Besuch in England.

Marmite. Diese dunkelbraune, salzige und sehr pikante
Substanz wird häufig zum Würzen von Bratensaucen, Suppen
oder Fleischgerichten sowie dünn verteilt als Brotaufstrich
verwendet. Obwohl Marmite wie ein Fleischextrakt
schmeckt, besteht es aus Hefe und ist ein Nebenprodukt des
Bierbrauens. Erfunden wurde dieses Würzmittel vor etwa
100 Jahren. Marmite ist ein eingetragener Markenname. Für
englische Hausfrauen ist es unverzichtbar, und im Ausland
lebende Engländer gehen meilenweit für ein oder zwei Töpfchen.

Patum peperium oder *Gentleman's Relish.* Die aromatische
Anchovis-Würze wird in flachen, runden Töpfchen verkauft.
Trotz des lateinischen Namens ist sie allem Anschein nach die
Erfindung eines Engländers namens John Osborn, der 1828
als Feinkosthändler in Paris lebte. Patum peperium war und
ist bis heute etwas für den feinen Geschmack.

Colman's Mustard. Dieses hellgelbe Pulver, das vor dem Gebrauch
mit wenigen Tropfen Wasser gemischt wird, ist praktisch
ein Synonym für englischen Senf, obwohl es hierzulande
auch Mostriche anderer Marken gibt. Colman's schmeckt
schärfer als die meisten Senfsorten auf dem europäischen
Kontinent und wird aus speziell entwickelten Senfsamen hergestellt,
die in East Anglia, nicht weit entfernt vom Stammsitz
der Firma in Norwich, wachsen.

Stilton Cheese. Ein von blaugrünen Adern durchzogener Käse mit intensivem Aroma. Es gibt auch weißen Stilton, der schärfer schmeckt, aber nur relativ selten erhältlich ist. Der Käse besitzt die Form eines hohen Zylinders und ist der wahrscheinlich bekannteste und auf alle Fälle edelste Käse Englands. Im Unterschied zu den meisten Käsesorten verdankt er seinen Namen nicht dem Ort seiner Erzeugung, sondern dem Platz, an dem er verkauft wurde, und zwar mindestens seit dem 18. Jahrhundert im Bell Inn in Stilton, Huntingdonshire. Diese Postkutschenstation an der Hauptstrecke aus London erlangte dadurch bei Reisenden von weit her einen enormen Bekanntheitsgrad. Hergestellt wird Stilton in der Gegend von Melton Mowbray.

Cheddar Cheese. Ein kräftiger, blassgelber Käse, der 6 Monate bis zu gut einem Jahr reifen muss. Er ist nach dem Ort Cheddar benannt, dem auch der berühmte Cheddar Gorge seinen Namen verdankt, wird aber tatsächlich in dieser ganzen Gegend im Südwesten Englands produziert. Unglücklicherweise hat man den Namen Cheddar nicht rechtzeitig schützen lassen, so dass jeder, der einen ähnlichen Käse erzeugt, diesen unter der Bezeichnung verkaufen darf. Leider gibt es da eine Menge schwarzer Schafe.

Cheshire Cheese. Fälschlicherweise wird dieser salzige, feuchte und bröselige Käse aus dem Nordwesten Englands manchmal Chester Cheese genannt. Seine Farbe variiert von Hellbeige und Cremefarben bis zu »Rot«, das jedoch eigentlich ein Pink-Orange ist. Es handelt sich immer um den gleichen Käse, nur dass Letzterer später mit Annato, einem roten Farbstoff, eingefärbt wird. Es gibt auch eine Variante mit blauen Adern. Andere ausgezeichnete englische Käsesorten wie etwa Lancashire und Wensleydale sind außerhalb der Region, wo sie erzeugt werden, fast nur in Spezialgeschäften zu bekommen.

Jellied Eels. Jahrhundertelang war dies ein beliebtes Gericht beim einfachen Londoner Volk. Aale aus der Themse, die silbriger aussehen und süßer schmecken als jene vom europäischen Kontinent, wurden in Stücke geschnitten und in Salzwasser gekocht. Dann ließ man sie in der Kochflüssigkeit auskühlen, wobei diese gelierte. Lange Zeit waren sie ganz aus der Mode, was sicher auch mit der extremen Verschmutzung der Themse zusammenhing. Inzwischen kehren die Aale jedoch in den Fluss zurück, und in manchen Geschäften Londons kann man wieder Jellied Eels kaufen.

Cumberland Sausage. Die beste frische englische Wurst. Sie wird in einem langen Stück, meist ringförmig gebunden, angeboten, während die meisten englischen Würste ja etwa 10 Zentimeter lang sind und in Ketten verkauft werden. Cumberland Sausages bestehen aus Schweinefleisch, das kräftig mit Pfeffer, anderen Gewürzen und Kräutern abgeschmeckt ist.

Blackpool Rock. Ein unverzichtbarer Bestandteil von Ferien in Blackpool, einem besonders bei Arbeitern aus dem industrialisierten Norden beliebten Urlaubsort am Meer. Außerdem gehören dazu Fahrten auf dem Rummelplatz, die bemerkenswerte Beleuchtung bei Nacht, Spaziergänge auf dem Pier und – falls das Wetter es erlaubt – Schwimmen im Meer. Beim Blackpool Rock handelt es sich um eine runde Zuckerstange, außen rosa, innen weiß, mit dem Schriftzug »Blackpool Rock« im weißen Zuckerkern der Stange. Inzwischen wurde die Idee auch an vielen anderen Ausflugsorten kopiert. Die Stangen sind sehr hart, schmecken meist nach Pfefferminz und sorgen dafür, dass den Zahnärzten nicht die Arbeit ausgeht.

Fisherman's Friends. Eine Milliarde dieser kleinen Lutschpastillen gegen einen rauen Hals werden pro Jahr in der ganzen Welt verkauft. Erfunden wurden sie im 19. Jahrhundert von dem Apotheker James Lofthouse in Fleetwood, einem Hafen nicht weit von Blackpool entfernt. Sein Ziel war es, Halsschmerzen bei den Schleppnetzfischern der örtlichen Fischereiflotte zu lindern. Bis heute ist die Firma Lofthouse in Fleetwood der einzige Erzeuger von Fisherman's Friends.

Fudge. Die süßeste und verführerischste der vielen in England hergestellten Süßigkeiten. Die kleinen Vierecke aus Zucker, Butter, Milch und manchmal Sahne sind weich und schmecken wie Toffee. Manchmal sind Nüsse oder Rosinen darin enthalten, oder der Fudge ist mit Kaffee, Schokolade oder Vanille aromatisiert. Eine wunderbare Süßigkeit zum Kaffee.

Selbst gemachter Fudge schmeckt wundervoll, deshalb empfehle ich Ihnen das folgende Rezept nach Claire Macdonald für Vanille-Fudge. Da die Temperatur eine wichtige Rolle bei der Zubereitung spielt, ist die Verwendung eines Zuckerthermometers sinnvoll.

Für etwa 900 Gramm Fudge:
450 g Zucker
125 g Butter
150 ml Milch
150 ml Kondensmilch
ein paar Tropfen Vanilleessenz

Fetten Sie eine etwa 15 mal 20 Zentimeter große, rechteckige Form mit Butter ein und legen Sie sie mit Backpapier aus. Alle Zutaten in einen Topf geben und bei schwacher Hitze so lange verrühren, bis der Zucker sich vollständig aufgelöst hat. Dann bringen Sie die Masse zum Kochen und erhitzen sie weiter bis auf 120 °C. Dabei das Umrühren nicht vergessen. Sobald die gewünschte Temperatur erreicht ist, ziehen Sie den Topf vom Herd, rühren jedoch noch 3 bis 5 Minuten lang kräftig um, während die Masse etwas fester wird. Gießen Sie den heißen Brei in die Form und lassen Sie ihn erstarren. Bevor der Fudge ganz ausgekühlt ist, mit einem scharfen Messer in rechteckige Stücke schneiden.

(Falls Sie kein Zuckerthermometer zur Hand haben, stellen Sie sich ein Schüsselchen kaltes Wasser neben den Herd. Sobald sich die Mischung vom Topfrand zu lösen beginnt, ziehen Sie den Topf vom Herd und geben einen Tropfen der Masse in das kalte Wasser. Wenn die richtige Temperatur erreicht ist, sollte er im Wasser ein weiches Kügelchen bilden.)

Getränke

Pimm's No.1. Ein angenehmer Sommercocktail. Die genaue Zusammensetzung ist das Geheimnis des Herstellers, aber das Getränk wird meist mit gekühlter Limonade gemischt und mit einer Orangenscheibe, ein paar Melonenstückchen, ein oder zwei Maraschinokirschen, einer Gurkenscheibe, Minzblättchen o. Ä. serviert. (Das korrekte Mischungsverhältnis ist auf der Flasche angegeben.) Aber Vorsicht: Wegen seines hübschen Aussehens und dem verführerischen Geschmack gerät man leicht in Versuchung, eine Menge davon zu trinken. Und auch als verdünntes Mixgetränk enthält es immer noch mehr Alkohol, als man vielleicht meinen möchte. Schenken Sie also mit Bedacht nach.

Shandy. Eine Mischung aus einer Hälfte Bier und einer Hälfte Limonade oder Gingerbeer (Ingwerbier) oder einem anderen Softdrink. Shandy ist nichts für Puristen, aber gut gekühlt die perfekte Erfrischung an einem heißen Tag.

Mead. Dieses traditionsreiche alkoholische Getränke auf der Basis von Honig wurde vor mehr als 1000 Jahren zum ersten Mal erwähnt, erfreute sich während des Mittelalters großer Beliebtheit und taucht in verschiedenen Variationen noch in Aufzeichnungen aus dem 17. Jahrhundert auf. In der zweiten Hälfte des 20. Jahrhunderts begannen verschiedene Brauereien wieder mit der Herstellung von Met. Es schmeckt süß, leicht würzig und duftet nach Honig. Der Alkoholgehalt liegt bei 14 bis 15 Prozent.

Dandelion and Burdock. Ein dunkelbraunes, sprudelndes Kräutergetränk mit scharfem, leicht bitterem Geschmack. Es wird, wie der Name schon sagt, aus Löwenzahn (engl. dandelion) und Klette (engl. burdock) hergestellt, zwei Pflanzen also, die schon seit uralten Zeiten für ihre heilkräftige, blutreinigende Wirkung bekannt sind. Es handelt sich hier um eines von mehreren nicht alkoholischen Getränken, die die Abstinenzlerbewegung im 19. Jahrhundert hervorbrachte, um das übermäßige Trinken bei den Industriearbeitern des Nordens zu bekämpfen. In den letzten Jahren hat es eine kleine Renaissance erlebt.

Cider. Ein alkoholisches, oft kohlensäurehaltiges Getränk, das man schon seit mindestens 1000 Jahren aus dem vergorenen Saft bestimmter Apfelsorten macht. Die bekanntesten Cider-Sorten kommen aus dem Südwesten des Landes und können trocken oder süß, schwach oder stark sein. Der Alkoholgehalt liegt durchschnittlich bei 6 Prozent, und alljährlich werden etwa 400 Millionen Liter Cider verkauft. Es besteht übrigens mehr Ähnlichkeit mit dem französischen Cidre als mit dem deutschen Apfelwein.

Anhang

Dank

Vielen Menschen möchte ich für ihre Hilfe und ihre Anregungen beim Schreiben dieses Buches danken und insbesondere Michael Bentley, Diana Goodman, Claire Macdonald, Dessa Trevisan, Judy Wade, Caroline Wooden und Robin Young.

Rezeptregister

A

Apfelstreusel 124
Apple Crumble 124

B

Baked Apples 63
Biskuitdessert 115
Brandy Snaps 80
Brandysauce 157
Bratäpfel 63
Bratkartoffeln 43
Bread and Butter Pudding 61
Brotauflauf 61
Bubble and Squeak 50
Burnt Cream 121

C

Chicken Curry 133
Chicken Stew 50
Chicken Tikka Masala 140
Chocolate Eclairs 81
Christmas Cake 162
Christmas Pudding 154
Coronation Chicken 142
Country Captain 138
Crème brûlée 121
Crown Roast of Lamb 105
Crumpets 87
Cucumber Sandwiches 74
Curry-Hühnchen, geeist 174
Custard 117

D

Date and Walnut Loaf 174
Dattel-Walnuss-Laib 174
Dundee Cake 92

E

Eccles Cakes 91
Eclairs 81
Egg Sandwiches 74
Eier mit Speck 29
Eiercreme 117
Eier-Sandwiches 74
English Scrambled Eggs 30
ER's Diamond Jubilee
    Chicken 146
(Jamie Oliver)

F

Fisch im Bier- und Wodka-
    Backteig 55
Flapjacks 92
Florentiner 78
Früchtekuchen 92
Früchtekuchen mit
    Marzipan 82
Fudge 179
Füllung aus Kastanien und
    Wurstbrät 152

G

Game Pie 111
Game Soup 98

Geräucherter Hering 53
Geräucherter Schellfisch 54
Gooseberry Fool 120
Graham Newbolds königlicher
  Hummersalat 150
Graham Newbolds Piña-Colada-
  Mousse 158
Granpop's Rice Pudding 60
Gravy 154
Guard of Honour 107
Gurken-Sandwiches 74

H

Haferflockenschnitten 92
Hasenpfeffer 114
Heston Blumenthals Triple
  Cooked Pommes 58
Hirtenpastete 47
Hot Cross Buns 31
Huhn Tikka Masala 140
Hühnercurry 133
Hühnereintopf 50
Hummersalat 150

J

Jane Grigson's Marmalade 34
Jugged Hare 114

K

Kedgeree 137
Kippers 53
Kokosmilchmousse 158
Krönungshuhn 142

L

Lachs, in Folie gegart 103
Lachsmousse 167
Lachspastete 168
Lammbraten 45
Lammeintopf 52

Lammkrone 105
Lancashire Hotpot 52
Lemon Curd 77
Lemon Meringue Pie 125
Lemon Posset 119
Luxuriöser Milchreis 60

M

Macaroons 79
Mandelplätzchen 159
Mango Chutney 135
Marmelade 34
Milchreis 60
Mincemeat 162
Mince Pies 159
Mini-Cornish-Pasties 173
Mint Sauce 46
Muffins 89
Mushroom Soup 37

O

Ochsenschwanzsuppe 97
Orangenkonfitüre 34
Oxtail Soup 97

P

Pilzsuppe 37
Piña-Colada-Mousse 158
Porridge 28
Potted Shrimps 100

Q

Quail's Scotch Eggs in
  Sesame 166
Seed
Quaking Pudding 123
Queen of Puddings 127
Queen's Golden Jubilee
  Chicken 144

R

Räucherlachs-Mousse 102
Räucherlachs-Sandwiches 75
Rhabarber-Creme 120
Rhubarb Fool 120
Rice Pudding 59
Ritz Special Egg Sandwiches 74
Ritz Special Smoked Salmon
   Sandwiches 75
Roast Beef 41
Roast Lamb 45
Roast Potatoes 43
Rosinenbrötchen 31
Rührei 30
Rumsauce 158

S

Salmon Mousse 167
Sauce zum Rinderbraten 44
Sauce zum Truthahnbraten 154
Sauerteigfladen 87
Sausage Rolls 170
Schnelle Lachspastete 168
Schottische Wachteleier in
   Sesam 166
Scones 76
Scrambled Eggs 30
Shepherd's Pie 47
Simnel Cake 82
Smoked Haddock 54

Smoked Salmon Sandwiches 75
Spinach Soup 38
Sponge Pudding 63
Stachelbeer-Crème 120
Steak and Kidney Pie 109
Summer Pudding 128
Syllabub 118

T

Teezubereitung 85
Toad-in-the-Hole 49
Tomato Soup 36
Trifle 115
Truthahnbraten 153
Truthahnfüllung 152

W

Wachteleier in Sesam 166
Whitebait 99
Wildpastete 111
Wildsuppe 98
Wurstbrät-Salbei-Zwiebel-
   Füllung 152

Y

Yorkshire Pudding 42

Z

Zimttoast 90
Zitronen-Baiser-Pastete 125

Bildnachweis

S. 8, Cotswolds: ullstein bild – Prisma / Raga Jose Fuste

S. 21, York, Royal Oak: ullstein bild – imagebroker.net / Stephan Goerlich

S. 26, Lancashire, The Full English Breakfast: ullstein bild – Top Foto / Jeff Greenberg

S. 40, Bisham Farm: ullstein bild – TopFoto

S. 56, Fish & Chips: ullstein bild – imagebroker.net / Silwen Randebrock

S. 69, London, Brown Hotel, Mayfair: ullstein bild – Prisma / Heeb Christian

S. 93: Eccles Cake: ullstein bild – imagebroker.net / XYZ PICTURES

S. 105, Whitstable Oyster: ullstein bild – TopFoto

S. 112, Yorkshire Dales, Swaledale: ullstein bild – Prisma / Vidler Steve

S. 132, Bilingual Road Sign in English and Bengali in Brick Lane, East London: ullstein bild – Still Pictures / Julio Etchart

S. 136, Advertisement for Courtenay's Worcestershire Sauce, 1899: ullstein bild – Heritage Images / The National Archives

S. 172, Cornwall, St. Ives, Cornish Pasty Shop: ullstein bild – Imagestate